SEBASTIEN UFUNU TSHILEMBE LUKAMA

DE LA DELIVRANCE A LA CONQUETE EN PASSANT PAR LE COMBAT SPIRITUEL

SEBASTIEN UFUNU TSHILEMBE LUKAMA

DE LA DELIVRANCE A LA CONQUETE EN PASSANT PAR LE COMBAT SPIRITUEL

LE BRISEMENT DES LIENS

Éditions Croix du Salut

Imprint
Any brand names and product names mentioned in this book are subject to trademark, brand or patent protection and are trademarks or registered trademarks of their respective holders. The use of brand names, product names, common names, trade names, product descriptions etc. even without a particular marking in this work is in no way to be construed to mean that such names may be regarded as unrestricted in respect of trademark and brand protection legislation and could thus be used by anyone.

Cover image: Fourni par l'auteur

Publisher:
Éditions Croix du Salut
is a trademark of
Dodo Books Indian Ocean Ltd. and OmniScriptum S.R.L publishing group

120 High Road, East Finchley, London, N2 9ED, United Kingdom
Str. Armeneasca 28/1, office 1, Chisinau MD-2012, Republic of Moldova, Europe
Printed at: see last page
ISBN: 978-620-3-84635-5

TABLE DES MATIERES

PRÉFACE

Le Révérend Sébastien UFUNU TSHILEMBE LUKAMA, expose son expérience et sa connaissance sur le COMBAT SPIRITUEL à travers ce livre avec une expérience de plus de trente ans d'enseignement et sur les réalités et vérités du COMBAT SPIRITUEL.

Plus loin ce livre est un manuel didactique pour toute personne qui aimerait apprendre et comprendre, pour enseigner le COMBAT SPIRITUEL. Il englobe les sujets majeurs du COMBAT SPIRITUEL, de la compréhension du concept de la délivrance en passant par des liens, sur la conquête à la compréhension des armes spirituelles, à la possession et récupération de son héritage.

Après la lecture de cet ouvrage vous serez à mesure de comprendre le concept du COMBAT SPIRITUEL, de vaincre les forces démoniaques, les liens de familles et conserver votre délivrance.

Je vous recommande de lire ce manuel didactique.

Maître et Prophète Jean THOTHO SHABANI.

DÉDICACE

Je dédie ce livre à toi mon épouse SOFI KAJI UFUNU, pour ton soutien et tes prières en ma faveur, surtout le long parcours fait ensemble dans le Seigneur JESUS-CHRIST.

A mes enfants, LINDAH JESSY UFUNU, GUELLORD LUKAMA N'GAZU, HOLGARINE UFUNU, UMBERTO LUKAMA, JOE MAJILA UFUNU, suivez tous mon exemple en léguant à l'humanité des œuvres durables.

A mes Petits-enfants, ELTIVAN LUKAMA, SOPHIA LUKAMA, JANHOL SÉBASTIEN KIBWE, HENDRIX LUKAMA.

ÉPIGRAPHE

« Vous connaîtrez la VÉRITÉ, et la VÉRITÉ vous affranchira »

Jean 8 : 32

C'est la connaissance de la vérité sur votre vie qui pourra vous rendre réellement libre.

REMERCIEMENTS

Poussé par l'Esprit Saint, nous nous sommes mis à rédiger ce livre combien merveilleux, voilà pourquoi nos remerciements vont droit à NOTRE SEIGNEUR JESUS-CHRIST, qui nous a inspiré tout au long de la rédaction de ce manuel.

Nos remerciements vont ensuite à toute la communauté RAMA, pour leur encouragement à rédiger ce livre.

Nos remerciements vont ensuite au PROFESSEUR, Docteur et APÔTRE JIMMY KALENGA KAUNDE KASONGO pour son apport très efficace pour la rédaction de ce livre, ainsi qu'à sa charmante épouse Maman LYDIE MBUYU KIBAWA.

A vous tous, je vous remercie.

CHAPITRE PREMIER : LA DELIVRANCE

I.1. Définitions

La délivrance est l'acquisition de la connaissance sur les points obscurs constitutifs des blocages et des liens qui doivent subir une rupture effective, car la Bible dit dans Jean 8 :32, « Vous connaitrez la vérité et la vérité vous affranchira ».

Outre cette définition, nous en proposons d'autres aussi importantes :

- La délivrance est une opération qui consiste à briser les chaînes de l'esclavage, à sortir une personne de la captivité, de la prison et de l'emprise du diable.
- C'est encore le passage d'une personne des ténèbres à la lumière en se débarrassant de tous les liens et des œuvres diaboliques.
- En outre, la délivrance est un affranchissement total de l'esclavagisme démoniaque vers une liberté absolue, comme il est dit dans Galates 5 :1.
- Cependant, on parle aussi de la délivrance quand une femme s'accouche, dans ce cas, c'est une action de soulagement ou de se débarrasser d'un poids.

Cela étant, y'a-t-il de différence entre la délivrance et l'exorcisme ? il y a une grande différence entre la délivrance et l'exorcisme. Ce dernier étant une cérémonie au cours de laquelle on chasse les démons par la prière tandis que la délivrance est l'ensemble d'une opération dans laquelle l'exorcisme est une partie. Bref la délivrance est un processus qui se résume en trois points :

1. La connaissance des liens qui consiste à en identifier l'auteur,
2. Couper les liens
3. Chasser l'auteur (démon, esprit méchant, etc.)

A juste titre, l'exemple de Jésus-Christ est édifiant, il procède par une question adressée aux démons : « Qui êtes-vous ? » et enfin il donne l'ordre : « sortez de cet homme » (Luc 8 :28-33)

I.2. La délivrance, partie intégrante de la mission de Jésus-Christ. (Esaïe 61 : 1)

La grande mission de l'Esprit de l'Eternel sur Jésus-Christ consiste à :

- ✓ Détruire les œuvres du diable (1 Jean 3 :8)
- ✓ Libérer les gens de l'emprise du diable (Actes 10 :38)
- ✓ Ouvrir les yeux pour qu'ils passent des ténèbres à la lumière, de la puissance de Satan à celle de Dieu…et recevoir l'héritage avec les sanctifiés (Actes 26 :17-18).
- ✓ Triompher sur les forces du mal.

Il s'agit, en fait de prononcer le divorce d'avec les œuvres du diable, d'effacer la marque du passage de Satan dans la vie d'une personne et annuler les ordonnances qui nous condamnaient (Colossiens 2 : 14-15).

Si telle est la mission de Jésus-Christ notre Maître et Seigneur, il nous appelle aussi à cette mission noble et pleine de compassion. Le cas de Paul nous édifiera davantage sur lui par Jésus-Christ (Actes 26 :17). Non seulement il a appelé Paul à ce ministère mais il a également enseigné à ses disciples, notamment : aux douze disciples (Matthieu 10 :1-20), aux septante disciples (Luc 10 :1-20) et à nous aujourd'hui (Marc 16 :15-18).

Relativement aux trois auditeurs de Jésus-Christ, nous tirons comme enseignement y afférant :

a) Les douze disciples affronteront (Matthieu 10 :1-20) :
   - Les esprits impurs
   - Les maladies
   - Les infirmités

b) Les septante disciples affronteront (Luc 10 : 1-20) :
   - Les loups (eux comme des agneaux)
   - Les maladies
   - Le refus
   - Le rejet

c) Nous aujourd'hui (Marc 16 :15-18) :

   Tableau difficile qui nécessite l'assistance de la puissance du Saint-Esprit et la connaissance parfaite de l'adversaire. Voilà pourquoi, le

Seigneur nous demande le discernement comme appui à notre combat spirituel.

I.3. Le destinataire de la délivrance

Ce point est très capital et nécessite toute notre attention. D'emblée, le premier destinataire de la délivrance est la maison d'Israël (nous les chrétiens) et les païens par la suite.

a. La maison d'Israël

En Matthieu 10 :6-8, nous avons la recommandation expresse de notre Seigneur Jésus-Christ qui nous dit : « Allez plutôt vers les brebis perdues de la maison d'Israël...dites-leur le royaume des cieux est proche, guérissez les malades, purifiez les lépreux, ressuscitez les morts, chassez les démons ». Tous les problèmes se trouvent malheureusement dans la maison d'Israël.

L'important, ici c'est qu'en Exode 3 :7-8, Dieu dit : « Je suis descendu pour le délivrer ». Notre Dieu est descendu pour :

1) Délivrer Israël
2) Parmi eux il y avait Josué et Caleb
3) Les deux ont été délivrés et ont eu le privilège d'entrer dans la terre promise. Et faisaient-ils aussi les exploits pendant leur marche de la délivrance.

b. Aux Païens

Si la délivrance est une nécessité à la maison d'Israël, à combien plus forte raison le sera-t-elle à ceux du dehors ? Paul dans son discours devant Agrippa déclare ce qui suit : « je t'ai choisi du milieu de ce peuple et du milieu des païens, vers qui je t'envoie, afin que tu leur ouvre les yeux, pour qu'ils passent des ténèbres à la lumière et de la puissance de Satan à Dieu et pour qu'ils reçoivent, par la foi en moi, le pardon des péchés et l'héritage avec les sanctifiés ». Tel est le libellé du motif de la mission de Paul (Actes 26 :17-18).

Notons cependant qu'en rapport avec la délivrance, un principe est capital, il est demandé à chacun d'être sincère et de la désirer car il n'y a pas de honte en cela. C'est la voie par excellence pour être efficace dans le ministère. Peut-on nous référer à Pierre bien qu'il vécut avec le Seigneur, qu'il marcha avec lui et assista à des multiples événements spirituels tantôt comme spectateur tantôt comme acteur, Satan le sollicita, et ne discerna pas cette présence maléfique en lui. Mais Christ le discerna aussitôt et le chassa...d'où l'ordre de Christ : « Arrière de moi Satan...quand tu seras affermi, exhorte les autres ». Cette période d'affermissement constitue également la période du passage à la délivrance (Luc 22 :31).

Voyons d'autres étapes pour Pierre. En plus de cette sollicitation, Pierre :

- Renie Christ (Luc 22 :54-62),
- Suit Christ de loin quand ce dernier est arrêté,
- Il s'assit parmi les méchants,
- Il renie son amitié avec Christ,
- Il retourne pêcher selon les méthodes traditionnelles (se déshabiller et rester nu quand on fait la pêche : Jean 21 :7),
- Il perdit le discernement sur Christ en ne s'apercevant pas que c'était le Seigneur (Jean 21 :4-7).

I.4. De quoi devons-nous être délivrés ?

L'Eglise étant l'épouse de Christ doit être préparée pour sa rencontre. C'est notre responsabilité de se purifier et de se débarrasser des rides et des tâches afin que l'époux nous trouve prêts. (Apocalypse 19 :7 ; 2 Pierre 3 :14 ; Ephésiens 5 :26-27).

I.4.1. Les rides et les tâches (Ephésiens 5 :26-27)

Les tâches sur les bêtes que Jacob mettait pour que les animaux lui appartiennent, sont des signes d'appartenance à l'auteur de ces breuvages. Ces deux éléments (rides et tâches) sont des signes de destruction et de déformation que l'ennemi laisse dans la vie des enfants de Dieu pour marquer son passage. C'est pourquoi, il faut s'en débarrasser par la délivrance. Esther pour accéder au trône comme reine, il fallait qu'elle passe par la purification qui prit une longue période : six mois d'application d'huile et six mois d'application des épices (parfum) (Esther 2 :11-12).

I.4.2. Les liens

Ce point sera développé dans son chapitre approprié mais prenons un passage biblique, celui de la délivrance des liens de Lazare, pour simplifier les choses à ce stade :

A. Il faut accepter la compassion de Christ (Jean 11 :35). Il faut savoir que : « est très malade la personne qui, tout en étant malade se croit être en bonne santé », c'est pourquoi Christ pleura.
B. Il faut bannir l'incrédulité devant la parole de Dieu. « Ôtez la pierre » (Jean 11 :39). La parole de Dieu qui est une parole de vie, doit au préalable toucher le cœur (Apocalypse 3 :20).
C. Christ s'adresse particulièrement à Lazare. Le salut étant individuel nous devons rester devant Christ pour l'écouter. L'enseignement (information) est très important avant la délivrance, car la connaissance nous permet d'être délivrés déjà à 50%. Remarquons que Lazare était jusque-là mort. Toute difficulté a des oreilles. Il faut lui parler et elle écoutera. La Bible traite de tous les problèmes et propose des solutions (1 Jean 1 :1-4).

D. Lazare ressuscite comme la parole de Dieu est vie, elle redonne la vie aux morts (Jean 11 :44). Mais les pieds et les mains de Lazare restent liés quoi que ressuscité, il fallait passer au point pour achever l'œuvre du salut de Lazare.

E. Christ leur dit : « déliez-le », c'est l'étape de la délivrance. Etape extrêmement capitale où il faut couper les liens. Elle vient également sceller notre salut en Jésus-Christ, car le Seigneur fait toute chose à la perfection.

I.4.3. La servitude

Israël, en Egypte, a passé une période de servitude très aigue ; son cri, la Bible nous dit, est arrivé au ciel et Dieu l'a entendu. Dieu n'agit pas seulement d'un cri verbal mais aussi d'un cri de douleurs. C'est pourquoi, pour mieux comprendre cette servitude, il importe de parler sur les deux dimensions de servitude. Les textes où nous tirons les détails explicites se trouvent en Exode 3 :7-10 ; 17.

I.4.3. 1. La servitude douce

Elle est difficile à discerner car n'ayant pas les effets blessant sur la personne de la victime. Pour mieux la comprendre, faisons une petite étude exégétique du texte cité ci-haut. Quand Dieu dit à Israël : « je vous ferais monter de l'Egypte, où vous souffrez, dans le pays où coule le lait et le miel ». Nous y voyons deux pôles, il s'agit du pôle de la souffrance qu'est l'Egypte et du pôle de la conquête qu'est Canaan. Et pour quitter un pôle vers l'autre il faut un déménagement spirituel. Premièrement, Dieu fait un constat : « j'ai vu la souffrance de mon peuple », c'est dire que rien n'échappe à l'œil de Dieu. Et il dit encore « j'ai entendu les cris que lui font pousser ses oppresseurs ». Ce n'est pas à son propre plaisir qu'il crie, il y a quelqu'un derrière qui lui fait pousser ces cris par diverses tortures. Ceci témoigne aussi que rien n'échappe à l'oreille de Dieu. Il en découle que chaque homme a ses oppresseurs qui lui font pousser des cris. Qui sont-ils alors ?

- Ceux qui en veulent à ta vie sans que tu ne le saches.
- Ceux qui te tiennent dans leurs servitudes, tu travailles pour eux sans le savoir, tu bâtis leurs villes et leurs empires.
- Ceux qui t'ont aidé à une période ou à une certaine époque de ta vie et qui sont devenus tes maîtres-Chanteurs. S'il t'était permis de revenir en arrière tu refuserais leur aide.

Eu égard à ce qui précède, tu deviens la vache laitière. Tous ces gens quand ils agissent d'une manière ou d'une autre, tu pousses des cris qui sont :

- ✓ Les plaintes
- ✓ Les larmes dans ton lit, qui coulent chaque nuit.

- ✓ Les prières de lamentations. Même David pleura jusqu'à manquer la force et pourtant personne ne l'avait frappé. Mais seulement il y a eu une action contre lui (1 Samuel 30 : 4 ; Actes 4 :23-31).

Il s'agit, en fait des pressions fortes que nous subissons et entendons à l'intérieur de nos vies. Voilà pourquoi nous les appelons servitude douce. L'offensive face à cette servitude est de placer notre vie entre les mains de Dieu (par des chants de louange, la joie de l'Eternel étant notre force). David après avoir pleuré, repris courage en s'appuyant sur l'Eternel son Dieu (1 Samuel 30 :6). Nous vivons dans un monde où être encouragé est devenu rare. Quel que soit l'effort qu'on déploie pour faire plaisir et montrer sa bonne volonté à son prochain, en retour, on ne reçoit, le plus souvent, que l'ingratitude nantie des critiques parfois acerbes. Voilà pourquoi la seule personne sur qui il faut s'appuyer c'est notre Seigneur Jésus-Christ.

I.4.3. 2. La servitude violente

Celle-ci n'est que la conséquence logique de la précédente, c'est-à-dire de la servitude douce. L'Egypte a usé de son hospitalité envers Israël pour passer de la servitude douce à celle qui est violente. Ce stratagème est souvent couvert par une gentillesse apparente. Et Israël n'a pas su quand exactement il est passé de l'hospitalité à la servitude douce et enfin la servitude violente, mais nous savons seulement qu'il poussait des cris d'angoisse.

Peut-on réfléchir sur notre sort ? et dans quel genre de servitude sommes-nous retenus ? Quand nous savons discerner cela, ça sera le premier pas de notre délivrance. Elle est violente parce qu'elle blesse le corps. Elle frustre la victime et peut même conduire la victime à une infirmité ou carrément à la mort physique.

I.4.4. L'emprisonnement

L'emprisonnement est une privation de liberté. Elle est une dépendance et un manque d'autonomie. Le fait de se mettre à la merci d'une personne, sous son autorité ou sous autorité de quelque chose ou d'un esprit conduit à l'emprisonnement.

A. Sous l'autorité d'une personne

Cette autorité peut être le club des ainés qui prennent des décisions au nom de toute la famille et dictent tous sur le devenir de celle-ci en général.

B. Sous l'autorité de quelque chose

Celle-ci peut se traduire dans :

- ✓ Les objets d'héritage familial
- ✓ La nourriture
- ✓ La boisson

- ✓ Les produits médicaux
- ✓ La luxure

C. Sous l'autorité des esprits méchants

Elle se cache derrière :

- ✓ La colère
- ✓ La haine (mère du meurtre)
- ✓ La méchanceté
- ✓ La cruauté
- ✓ La trahison
- ✓ La jalousie
- ✓ Les disputes, querelles ou conflits familiaux
- ✓ Le suicide
- ✓ La peur, l'angoisse.
- ✓ Le stress…

Toutes ces choses amènent l'homme à leur dépendance et peuvent se constituer à l'avenir en une possession démoniaque. C'est pourquoi l'ennemi commence souvent par nous ravir ce qui fait le sujet de notre joie, la liberté, afin de finir par l'emprisonnement.

I.4.5. Les possessions démoniaques

C'est une domination totale sur une personne par les forces du mal. Tout son être intérieur est occupé par l'homme fort. La Bible nous dit à ce sujet que : « Personne ne peut entrer dans la maison d'un homme fort et piller ses biens, sans avoir auparavant lié cet homme fort ; alors il pillera sa maison » (Marc 3 :27). Ces forces du mal, en tant qu'esprits malfaisants et impurs, violent et provoquent des maladies, des infirmités à leurs victimes. Ils les séduisent et les poussent au péché.

Trois cas sont typiques à ce sujet :

A. **Mathieu 8 : 28, ici la possession démoniaque prend le contrôle d'un territoire**

   Nous attirons l'attention sur ce point car cette possession peut prendre toute une maison sous son autorité et le malheur s'y abattra. Personne de bien n'osait passer par là. Comme conséquence, pauvreté, isolement, endettement, et d'autres signes tels que : dépérissement des biens, les décès, maladies chroniques, divorces, stérilité, regroupement des membres de famille quel que soit l'âge, tous dans la maison familiale, de naissance (père, mère, enfants, petits-enfants regroupés en un même lieu). Ce territoire est pris en possession par les esprits méchants.

B. Marc 5 : 3-5 ici, il y a possession de la personne entière

Ce cas est fréquent chez les enfants qui sont souvent adolescents. Vous remarquerez certains enfants qui auparavant étaient dociles deviennent indociles parce que possédés entièrement par ce genre de démons. Parfois on assimile ce comportement à l'adolescence alors que c'est le début d'une occupation démoniaque qui peut déboucher sur des situations on ne peut plus dramatiques.

Voici quelques signes visibles de ces cas :

- La délinquance sexuelle
- La dépendance de la drogue
- L'alcoolisme
- La dépravation des mœurs (homosexualité, fornication, masturbation, viol, inceste, rébellion, esprit grégaire, insoumission, etc.)

Ce qu'il faut savoir, c'est que les esprits mauvais qui possèdent les gens peuvent pénétrer et vivre dans le corps humain et une fois à l'intérieur, ils peuvent mieux le contrôler plus facilement qu'en harcelant de l'extérieur. Raison pour laquelle être possédé n'est rien d'autre qu'appartenir au possesseur en accomplissant ses desseins partout.

Voici quelques cas de ses desseins :

- Attrister les gens (œuvre du possédé)

- Blesser les gens
- Diviser les gens
- Conduire les gens à la rébellion contre Dieu
- Conduire quelqu'un contre sa propre vie (autodestruction) en devenant inconsciemment l'ennemi de sa propre vie.
- Amener quelqu'un à la mort physique, qui est l'objectif final (Jean 10 :10).

C. Luc 5 : 18 : Tourmenter par des esprits impurs

I.4.6. Les portes d'entrée (2 chroniques 32 :1-5)

Chacun de nous doit savoir que Dieu ne nous laisse jamais comme une ville ouverte, il dresse toujours autour de nous une muraille de protection. Dieu dit : « je camperai autour de ma maison pour la défendre contre une armée, les allants et les venants, et l'oppresseur ne passera plus près d'eux ; car maintenant mes yeux sont fixés sur elle » (Zacharie 9 :8). David complète en disant : « l'ange de l'Eternel campe autour de ceux qui le craignent, et les arrache au danger » (Psaumes 34 :8).

De ce qui précède, remarquons que l'homme lui-même ouvre et renverse la muraille de protection que Dieu a placée autour de lui. « Voici, le méchant prépare le mal, il conçoit l'iniquité, et il enfante le néant. Il ouvre une fosse, il la creuse, et il tombe dans la fosse qu'il a faite » (Psaumes 7 : 15-16).

Fort de tout ceci, quelles en sont les principales portes ?

I.4.6.1. Le péché

Il est dit dans 1 Jean 5 : 18 ce qui suit : « Nous savons que quiconque est né de Dieu ne pèche point ; mais celui qui est né de Dieu se garde lui-même et le malin ne le touche pas ». La conséquence logique de ce verset est que s'il te touche, c'est que tu ne t'es pas gardé, cas d'Ananias et Saphira son épouse en Actes des Apôtres 5 :3. Voici comment le diable est entré jusqu'à les amener à la mort :

- C'est fût leur champ ;
- Eux-mêmes ont vendu ce champ ;
- Ils résolurent d'apporter l'argent à leur communauté (église) ;
- Mais ils convoitèrent cet argent ;
- Ils mentirent à Pierre (péché).

Et l'ennemi en profita pour entrer dans leurs cœurs. A Pierre de déclarer : « Pourquoi Satan a-t-il rempli ton cœur, au point que tu mentes au Saint-Esprit et que tu aies retenu une partie du prix des champs ?

La réponse est simple, une porte était ouverte :

- La convoitise ;

- Le mensonge ;
- Le vol ;
- Et la mort.

Ce fut une destruction systématique et progressive. En Galates 5 : 19, nous avons la liste des éléments susceptibles d'ouvrir au diable les portes. Il s'agit de :

Tableau 1 : Les éléments ouvrant la porte au diable

L'impudicité	L'idolâtrie	Les querelles
L'impureté	La magie	Les jalousies
La dissolution	Les iniquités	Les animosités
Les disputes	Les divisions	Les sectes

Pour fermer ces portes, comme elles viennent de la chair, il faut la crucifier et chasser ces démons (Galates 5 : 24).

I.4.6.2. Les circonstances de la vie

Il faut faire attention, le diable profite des circonstances de notre vie où nous sommes faibles pour infester notre existence. Les périodes ci-après sont propices pour lui :

- **L'enfance**

C'est la période où une personne est plus fragile ; l'enfant vit dans la dépendance totale des autres. Et plusieurs démons, liens, héritages possessifs s'accaparent d'une personne pendant sa période d'enfance. Ici la coutume et les traditions que nous verrons après ce point, plus en détails, détournent plusieurs parents de la meilleure gestion de la vie de leurs enfants, selon la parole de Dieu. Ils agissent inconsciemment à la destruction de leurs enfants. Plusieurs pratiques peuvent être énumérées pour appuyer notre argumentation. Notamment pour lutter contre la maladie communément appelée « Lukunga », en français la déshydratation, survenant au cours d'un épisode de vomissement et de la diarrhée. On applique dans la bouche du bébé, un produit traditionnel à base de la couche des immondices du marché public mélangés à l'huile de palme et du sel.

Aujourd'hui les chrétiens avertis ne se livrent plus à cette pratique et pourtant leurs enfants grandissent et vivent normalement tout en contractant aussi cette maladie en leur période d'enfance. C'est simplement un cas regrettable parmi tant d'autres.

- **Le deuil**

C'est le siège de tous les maux que connaissent plusieurs personnes. Le décès naturel semble inexistant, on a toujours tendance à attribuer à chaque mort une signification ou une raison pour trouver un prétexte d'accomplir une cérémonie maléfique. C'est une période de faiblesse, surtout dans le cas d'une femme qui vient de perdre son mari et des enfants orphelins qui ont perdu leur père. Il est des cérémonies comme « KUTOSHA MUFU », c'est-à-dire séparer la veuve de l'esprit du défunt mari. Et pourtant, la Bible nous dit à cet effet que l'homme ou la femme sera lié à son partenaire tant que ce dernier sera vivant.

- **Le mariage**

Plusieurs jeunes gens vivent le désastre dans leur mariage parce que lors de la contraction de ce dernier, la porte a été ouverte aux cérémonies traditionnelles et le diable en a profité. Chez les Luba du Kasaï, la dot revêt une importance capitale. Dans la famille élargie une personne est désignée pour la manger et les parents de la mariée sont consignés sur le banc des non ayant droit. Ceci constitue non seulement un plaisir, mais un lien car, l'ayant droit désigné aujourd'hui a déjà profité sur une autre fille du clan et cela constitue un remboursement de son acquis.

La raison apparente c'est l'acte de la commission familiale, alors que la raison profonde est la semence qu'on revendique ou qu'on va revendiquer dans le futur. La non-application de cette tradition affecte négativement les nouveaux mariés à des conséquences néfastes qui sont en réalité des pénalités spirituelles à l'instar de la stérilité, la pauvreté, les blocages divers, la mort subite voir même des malheurs sur les parents des conjoints.

I.4.6.3. Les coutumes et les traditions

Les coutumes et les traditions sont des ruses habiles du malin. C'est une manière de vivre sans Dieu. Mathieu 15 :3, nous dit : « Pourquoi tes disciples transgressent-ils, la tradition des anciens ? ». Jésus leur répondit en disant aussi, pourquoi transgressez-vous le commandement de Dieu au profit de votre tradition ? les deux ne peuvent jamais marcher ensemble, c'est-à-dire la Parole de Dieu et les traditions. A Paul de s'exclamer aussi, lorsqu'il parlera aux Galates, dans Galates 1 : 14 comme suit : « Etant animé d'un zèle excessif pour les traditions de mes pères ». La tradition et la coutume dictent aux gens les règles du jeu dans la communauté. Or la Bible, Parole de Dieu est la seule lumière dans notre sentier ou marche de vie.

Voici quelques conflits entre la coutume et la tradition avec la Parole de Dieu :

- Le premier salaire est pour les parents pendant que la Bible déclare que les prémices sont pour l'Eternel.

- Chaque membre du clan pour réussir dans sa vie se soumet totalement aux rites de la coutume et à leur observance totale, alors que la seule voie pour réussir dans la vie est l'observance de la Parole de Dieu.

Ces deux aspects des choses se bousculent dans la société et veulent primer sur elle, chacune chassant l'autre.

I.4.6.4. Les noms que l'on porte

Il faut souligner que pendant la période biblique, les noms étaient attribués aux gens en relation directe avec l'événement qui précédait la naissance ou la volonté des parents exprimant leur souhait sur le devenir de l'enfant. C'est pourquoi, ce dernier, dans sa croissance restituait souvent ce que son nom signifiait.

Nous voyons par exemple :

- Nabal, signifie insensé, « Il y a de la folie en lui » (1 Samuel 25 :25).
- Betsaleel, signifie « sous la protection de Dieu ». Dans la vie, il fut artiste plein d'hardiesse suscité par Dieu et chargé de travailler l'or, l'argent, l'airain... de sculpter le bois pour décorer le tabernacle (Exode 31 :1-11).
- Jacob, signifie « Usurpateur ».

De ce qui précède, les noms expriment également la nature des personnes qui les portent. C'est pourquoi il faut savoir le pourquoi de ton nom. Avoir également la lumière sur le sens et les circonstances qui ont concourus au choix du nom. Soulignons en passant que l'ennemi qui qu'il soit, peut te nommer afin d'avoir de l'influence sur toi, et avoir accès facile dans la vie, c'est le cas de ces jeunes gens juifs à Babylone :

- Daniel nommé BELTSCHATSAR qui signifie : « Baal protège le roi »
- Mischaël changé en MESCHAC qui signifie : « qui est Dieu »
- Azaria changé en « ABED-NEGO » qui signifie « Serviteur de NEGO »

Remarquons cependant que tous ces noms ont été changés par l'échanson du roi. Maintenant, quelle est la ruse du diable. Toutes les fois que l'échanson du roi les appelait par leur nom original il sentait un déséquilibre dans son camp. Alors, il lui fallait changer les noms afin qu'il les appela sans entraver ses esprits. Le cas, par exemple, de Daniel, à chaque fois qu'il était appelé en ce nom ou par ce nom. On disait ouvertement « Dieu a jugé ». Donc, ils appelaient chaque jour le jugement de Dieu sur eux et ils sentaient sur eux ce jugement s'abattre.

D'où la nécessité pour eux d'éviter le jugement de Dieu en changeant ce nom de Daniel en Beltschatsar, afin que le roi soit protégé par Baal plutôt qu'il reçoive le jugement de Dieu. Ce n'est qu'un exemple parmi tant d'autres. Comment, peut-on nommer son fils, du nom de « MASHI MABI » qui signifie : « sang maudit » ou « KASHALA » qui signifie celui qui est resté encore ou encore « BETU KU MESU » qui signifie elle n'a que de la beauté au visage. Non seulement le sens du nom mais aussi la personne qui l'a porté avant toi, son esprit peut t'influencer, car derrière chaque nom il y a un esprit. N'oublions jamais que tous les noms des animaux, c'est Adam qui en est l'Auteur et cela de quelle manière ? en observant le caractère et l'esprit de chaque bête.

Fort de ce qui précède, examinons bien le sens, les circonstances et la personne de qui nous héritons nos noms. Mieux vaut pour nous d'annuler ce souhait mitigé qui colle à nos noms que de le garder par complaisance, par intimidation familiale tout en souffrant. Plusieurs femmes connaissent le célibat et la stérilité pour n'en citer que ces deux problèmes, parce qu'elles portent les noms, le plus souvent, des personnes qui ont souffert des mêmes maux.

Si les enfants des ténèbres, à Babylone, avaient compris les mystères que cache un nom et ont changé les noms de Daniel et de ses amis en des noms démoniaques, à combien plus forte raison, nous enfants de lumière ne changerions-nous pas les nôtres qui apportent le malheur en ceux qui glorifieraient l'Eternel et qui apporteraient le bien être ?

I.4.6.5. Les liens parentaux

Nous examinons plus en détails ce point quand nous abordons le chapitre sur les liens. Néanmoins retenons en passant que les liens parentaux sont par excellence les portes d'entrée des démons et des malédictions. C'est pourquoi Job s'exclame en disant : « ...comment d'un être souillé sortira-t-il un homme pur ? il n'en peut sortir aucun » (Job 14 :4). Le cas de Moab et Ammon, l'Eternel déchut sur ces deux enfants ce qui suit : « celui qui est issu d'une union illicite n'entrera point dans l'assemblée de l'Eternel ; même sa deuxième génération n'entrera point dans l'assemblée de l'Eternel ». C'est ainsi que l'Ammonite et le Moabite n'entreront point dans l'assemblée de l'Eternel, même à la deuxième génération et à perpétuité (Deutéronome 23 :2-3). Ceci pour un seul fait parce que leurs mères en occurrence les enfants de lot (filles) ont couché avec leur père pour se procurer une descendance.

I.4.6.6. Les totems

C'est le symbole mystique d'un clan, d'une tribu, d'une nation qui incarne un ancêtre imaginaire commun. Ce qui est le contraire avec la Bible qui nous dit que l'unique ancêtre de toute l'humanité c'est Adam. Il faut faire attention parce que cet ancêtre mythique peut être un animal ou une plante, pourquoi pas un objet. L'information de ce dernier et son caractère sacré qui se transmet fidèlement d'une génération à une autre et devient sans contour un héritage spirituel. En Egypte, nous voyons le cobra comme symbole qui était esquissé sur la couronne du Pharaon. Quid des Armoiries des pays : Lion, Aigle, Léopard, etc.

I.4.6.7. Les bagarres et conflits au sein de la famille

Il faut éviter tout foyer de tension dans la famille et si cela arrivait, la prévention c'est de se tenir à l'écart car tu es la lumière. Et là où il y a des disputes, des querelles là aussi sont les ténèbres. Ne jamais laisser une brèche de conflit à la muraille que Dieu a bâtie autour de toi. Ephésiens 4 :31-32 nous dit : « Que toute amertume, toute animosité, toute colère, toute clameur, toute calomnie et toute espèce de méchanceté disparaisse du milieu de vous. Soyons bons les uns envers les autres, compatissant, vous pardonnant réciproquement comme Dieu vous a pardonné en Christ ».

- Abraham évita les conflits de justesse avec Lot (Genèse 13 :8-9)
- David l'évita aussi contre Absalom son fils (2 Samuel 15 :13-14)
- Absalom et Amnon furent le premier mauvais exemple dans la famille car il tua son frère (2 Samuel 13 :28)

I.4.6.8. Les conséquences des portes ouvertes

Nous devons savoir qu'à travers toutes les portes vues, le diable, notre ennemi, n'a qu'une ambition : occuper le temple de Dieu qui est notre corps. En l'occupant, le diable poursuit deux objectifs allant de mal en pire :

1) Ils viennent (les démons) pour souiller le temple qui est notre corps (Romains 6 :16 ; Jean 8 :34 ; 2 Pierre 2 :19). Le péché rend l'homme esclave et triomphe sur la personne qui le commet. Quand nous parlons de souiller, nous voulons dire :
   a) Salir
   b) Couvrir de saleté
   c) Mettre des ordures à un endroit propre.

Ce sont les trois souillures que le diable met en premier dans le temple. Ensuite :

2) Ils viennent pour profaner, c'est-à-dire enlever du temple son caractère sacré, car la profanation est plus grave que la souillure (Marc 7 :20-23). C'est pourquoi Jérusalem fut scandalisé de l'usage qu'on avait fait du temple. Ils ont enlevé son usage « la prière » pour en faire un lieu si bas de trafic (Matthieu 21 :12-13).

I.4.6.9. Comment fermer les portes

Pour fermer les portes, il faut :

1. Appeler et accepter l'intervention de Dieu par la grâce de Jésus-Christ.
2. Se repentir sincèrement d'avoir désobéi à Dieu et d'avoir méprisé sa protection autour de nous.

3. Déterminer les causes par lesquelles les portes sont ouvertes et en évaluer les conséquences.
4. Passer à la délivrance en chassant tous ces esprits qui sont entrés en nous lors de l'ouverture des portes et couper tous les liens.
5. Se sanctifier dans les relations avec nos prochains et se consacrer au Seigneur Jésus-Christ en recherchant les fruits de l'esprit.
6. Laisser enfin le Saint-Esprit, diriger notre vie.

2 Chroniques 32 :1-5, nous enseigne comment l'ennemi peut se ressourcer à nos sources restées ouvertes pour se fortifier. D'où il faudra les boucher toutes et se rassurer qu'il ne pourra pas se fortifier à partir de nos faiblesses (sources).

I.4.6.10. Les meilleures dispositions pour obtenir la délivrance

Ces dispositions sont importantes comme préalables pour expérimenter une vraie et totale délivrance. Il s'agit de :

1. L'honnêteté

Cette vertu est la porte qui nous fait entrer dans le domaine de la délivrance. Il faut avoir l'honnêteté sur trois dimensions :

- Être honnête envers Dieu (qui te connait mieux que toi-même et qui sait parfaitement ton besoin).
- Être honnête envers soi-même (tu es la seule personne qui vit le drame de l'action du diable sur ta vie)

- Être honnête envers les autres (ceux qui t'enseignent et qui veulent t'aider à obtenir ta délivrance. Les tromper serait les désorienter sur la piste de la délivrance).

Si l'on garde secret dans certaines zones de notre vie et on retient certaines vérités dans les ténèbres, les démons resteront prospères dans nos vies et se multiplieront comme des virus. D'où la nécessité d'être honnête afin de parvenir à la meilleure délivrance. Tout péché non confessé donne aux démons le droit légal d'établissement. David le Psalmiste nous dit : « Je t'ai fait connaitre mon péché, je n'ai pas caché mon iniquité ; j'ai dit j'avouerai mes transgressions à l'Eternel ». Il dit encore : « L'Eternel tu me sondes et tu me connais, tu sais quand je m'assois et quand je me lève, tu pénètres de loin ma pensée. Tu sais quand je marche et quand je me couche » (Psaumes 139 :1-3).

De ce qui précède nous comprenons facilement que tout péché que nous confessons, Dieu est déjà au courant et même il lit nos pensées, cependant il apprécie notre humilité dans la repentance sincère.

2. L'humilité

Cette vertu nous plonge dans la reconnaissance de l'incapacité de s'en tirer seul dans la délivrance. C'est pourquoi nous recourrons à la grâce divine. Esaïe dit : « Entre dans le rocher et caches-toi dans la poussière pour éviter la terreur de l'Eternel et l'éclat de sa majesté. L'homme au regard hautain sera abaissé et l'orgueilleux sera humilié, l'Eternel seul sera élevé ce jour-là » (Esaïe 2 :10-11).

Jacques pour sa part nous exhorte à être humbles car Dieu résiste aux orgueilleux. Un des aspects les plus importants dans cette partie, est la recherche dans l'humilité de sa délivrance, car celui qui en a besoin et qui peut bénéficier des effets positifs c'est l'intéressé. Plusieurs obstacles se constituent à ce niveau, notamment l'âge dans la foi, le ministère qu'on exerce, les responsabilités administratives dans l'église, le rang social, etc. L'exemple de Zachée et celui de Nicodème doivent nous inspirer. Qu'on se moque de toi mais que tu atteignes ton objectif. Tes moqueurs seront tes acclameurs un jour.

3. La repentance

Quelques points sont très importants dans l'observance de ce titre :

- Détourne-toi du péché et de satan
- Hais tout ce qui est mal dans ta vie
- Détourne-toi de ce qui entrave ta croissance spirituelle
- La repentance ôte tout droit légal aux esprits méchants
- Lire très bien Ezéchiel 20 :43

4. Le renoncement

Le renoncement est le résultat d'une bonne repentance. Il engage la conscience sur un fait et donne à la volonté le pouvoir de refuser quelque chose, quel que soit son intérêt et sa valeur (Actes 19 :18-19).

5. La prière

C'est le boulevard de toute solution qu'une personne peut désirer recevoir de la part de Dieu. Dans le livre de Joël il est dit : « Quiconque invoquera le nom de l'Eternel sera sauvé » (Joël 2 :32). C'est la voie par excellence pour toucher le cœur de Dieu et bénéficier de sa grâce. La prière n'est autre qu'une effusion du cœur devant le créateur qui y répond par des bénédictions.

6. Accepter de combattre Satan et son royaume

Ceci nous ouvre la porte du combat spirituel, car celui-ci est une réalité qu'on le veuille ou non. Nous sommes tous d'une manière ou d'une autre concernés comme pour dire que si vous ne vous occupez pas du diable, lui, s'occupe de vous. L'Eglise et le chrétien ne doivent pas continuer à appliquer la politique de l'Autruche face à un danger imminent ; Vous devez offrir aux victimes sataniques une aide spirituelle dont elles ont grandement besoin.

Nous remarquons une activité satanique croissante dans le monde en l'occurrence une renaissance de l'occultisme, de l'adoration de Satan, de la sorcellerie à une vitesse effrayante. Plusieurs hautes écoles et universités notamment aux Etats-Unis ont un programme permanent sur l'occultisme, la sorcellerie et le satanisme. A l'issue de ce cours, un diplôme est décerné aux lauréats. Chose encore effrayante, l'église même se trouve déjà infiltrée par les puissances du mal. Certains ministres de Dieu semblent trouver dans l'occultisme et la magie ce qu'ils n'arrivent pas à trouver devant le Seigneur. Ignorer le combat spirituel, c'est faire une carrière chrétienne infructueuse car le combat spirituel est un remède aux attaques permanentes de Satan.

En quelques mots nous pourrions dire sans nous tromper que la prière s'adresse à Dieu et le combat spirituel s'adresse à l'homme. Comme dans chaque combat l'usage des armes est recommandé, aussi dans le combat spirituel, l'usage des armes spirituelles est recommandé. Ephésiens 6 :10-12 nous énumère ces armes et 2 Corinthiens 10 :3-5 nous montre les forteresses du diable qui ne sont autres que les pensées négatives et les raisonnements du monde, système qui affaiblit les chrétiens. Le combat spirituel s'engage entre deux royaumes, celui de Dieu contre celui de Satan. Et dans chacun d'entre eux, il y a des disciples ou des éléments qui travaillent pour le compte de leur royaume respectif.

A. Le Royaume de Dieu

   a) Sphère divine :

      - Dieu

- Jésus-Christ
- Saint-Esprit
- Les anges

b) Sphère humaine

- Les chrétiens nés de nouveau ayant la révélation de cette réalité spirituelle à savoir le combat spirituel.

B. Le royaume de Satan

a) Sphère spirituelle :

- Satan
- Démons (Anges déchus)

b) Sphère humaine :

- Les incrédules
- Les sorciers
- Les infidèles
- Les occultistes

Tout agent de ces deux royaumes travaille pour le progrès de son royaume. La Bible présente ces deux armées comme engagées dans un grand combat qui dépasse l'entendement humain et qui affecte le cours de l'histoire de toute l'humanité. Il faut cependant souligner qu'il ne s'agit pas d'un dualisme, une lutte entre deux forces éternelles égales car le Dieu qui a tout créé est aussi Maitre de tous.

Ainsi donc, la question est, pourquoi dans cette guerre qui engage Dieu, les chrétiens s'y retrouvent ? La réponse est simple, Satan combat tout ce qui représente Dieu et ses intérêts. Voici par ailleurs, comment nous devons procéder dans le combat spirituel :

- Utiliser les armes de la soumission à Dieu : votre témoignage chrétien, le sang de l'agneau et la parole de Dieu (Jacques 4 :7 ; Apocalypse 12 :11 ; Ephésiens 6 :17) ;
- Identifier les esprits méchants dans votre vie et autour de vous ;
- S'adresser directement à eux par leurs noms et d'une voix qui commande avec foi (prière d'autorité) ;
- Briser les alliances maléfiques contractées par nous-mêmes ou par d'autres personnes à notre insu ;
- Participer aux prières unies agressives faites au nom de Jésus-Christ
- Demander au Saint-Esprit de nous révéler la source de notre problème et la nature de nos liens ;
- Lier chaque pouvoir démoniaque responsable de chaque problème dans votre vie ;
- Briser l'emprise forte de ce pouvoir dans votre vie ;
- Leur ordonner de sortir de vous au nom de Jésus-Christ ;
- Humilier l'homme fort ;
- Boucher toutes les poches de résistance ;
- Ratisser les esprits rebelles de votre vie ;

- Tenir la tour de contrôle en éveil par l'intercession continue de combat ;
- Cultiver une vie personnelle de prière et de jeûne systématique.
- Se soumettre totalement à la direction divine ;
- Être complètement honnête dans sa vie ;
- Haïr le pouvoir de ténèbres et le déclarer (Proverbes 8 :13) ;
- Rester continuellement rempli du Saint-Esprit ;
- Cultiver une vie d'harmonie autour de soi et de sérénité.

D'autres éléments du combat spirituel, nous les citerons dans la suite quand nous parlerons de la conquête.

CHAPITRE DEUXIEME : LES LIENS

II.1 Introduction

Plusieurs pensent que la délivrance est destinée à se débarrasser des démons, de mauvais esprits. Bien que cela soit vrai, notons cependant que la vraie délivrance consiste à identifier les liens et à les couper. Dans notre texte de base qui constitue même le motif de ces écrits, Dieu nous a par sa grâce révélé les grands secrets qui sont à l'origine de beaucoup de blocages et d'échecs dans la vie de plusieurs enfants de Dieu. Cette révélation qui était nôtre est maintenant mise à votre disposition.

Nous vous prions, avant de continuer cette lecture de prendre un temps dans la prière afin que le Seigneur puisse vous révéler les liens qui sont cachés dans votre vie. Dans Jérémie33 : 3 la Bible, ne dit-elle pas : « Invoque-moi et je te répondrai, je t'annoncerai de grandes choses, des choses cachées, que tu ne connais pas ». Dieu étant celui qui nous connait dès notre conception dans les ventres de nos mères, il connait aussi les circonstances de notre naissance même ce qu'on a fait sur nous. Il connait aussi toutes les pratiques dont nous avons été victimes pendant notre jeune âge et qui constituent aujourd'hui les liens qui nous empêchent d'entrer dans notre conquête. Ce Dieu, disions-nous est capable de nous révéler si nous le lui demandons. Le film de toute notre existence avec ses zones ténébreuses afin de pouvoir apprécier notre délivrance.

II.2 Définitions

Les liens sont les instruments qui servent à lier ou attacher quelque chose. Qu'il s'agisse du fil, corde, chaîne d'une manière quelconque, ou d'une pièce rigide dans un assemblage. Les liens, c'est aussi, tout ce qui unit deux corps de même nature ou des natures différentes.

Exemple : Ici nous citerons les liens conjugaux. Le concept lien vient du verbe lier qui signifie :

- Joindre
- Assembler
- Unir (par un sentiment, un intérêt, un goût)
- Enchaîner (moralement ou spirituellement)
- Obliger (Etre lié par une personne)

II.3. Les différentes sortes de liens

II.3.1. Les liens au travers de l'âme

Ces liens sont très actifs surtout dans la vie de plusieurs enfants de Dieu, car sans hésiter nous dirons comme dans Osée 4 : 6 : « Mon peuple est détruit, parce qu'il lui manque la connaissance ». Cette connaissance, loin d'être seulement celle de la loi de Dieu, mais elle est aussi celle de la révélation profonde que cette loi nous offre sur nos vies particulièrement.

Lorsque nous parlons de l'âme nous découvrons que celle-ci est le souffle que Dieu a mis dans l'amas de terre. C'est aussi la vie : « L'Eternel Dieu forma l'homme de la poussière de la terre, il souffla dans ses narines un souffle de vie et l'homme devint un être vivant » (Genèse 2 :7).

En lisant Lévitiques 17 :11 nous voyons que l'âme de la chair se trouve dans le sang. Et en Deutéronome 12 :23 Dieu parle de se garder de manger le sang car dit-il, le sang c'est l'âme. Et la Bible de surenchérir que l'âme qui pèche, c'est celle qui mourra. Or qu'est-ce que l'homme donne comme semence pour avoir un enfant, si ce n'est que son sang ? Donc l'homme transmet à son enfant son âme. Et s'il a péché avec son âme, il transmet les retombées du péché au travers de l'âme de l'enfant.

Ce n'est pas en vain, nous dira un sorcier convertit au cours de la prédication de ses enseignements que : « La seule boisson autorisée dans le monde des ténèbres est le sang humain, parce qu'à travers le sang, nous buvons toute la vie de l'individu ». Cela étant, les habitants de ce monde, notamment les sorciers désirent ardemment le sang mais en réalité, c'est l'âme qu'ils poursuivent dans le sang car :

- Le sang c'est l'âme.
- Le sang c'est la vie.
- Le sang c'est le souffle.

N'oublions pas que l'oxygène de l'homme se trouve dans le sang. Ce qui implique que l'âme qui pèche est celle qui mourra, ne concerne pas seulement la personne qui pèche mais même sa descendance à qui il transmet son sang (son âme). D'où la malédiction qui s'abat de génération en génération.

II.3.2. Les liens de quatre générations

Nous les nommons aussi « la malédiction de quatre générations ». L'Eternel, en Exode 20 :5 dit : « Je suis un Dieu jaloux qui punit l'iniquité des pères sur les enfants jusqu'à la troisième et à la quatrième génération de ceux qui me haïssent ». Et en Exode 34 :7, il est explicite quand il parle de : « L'Eternel punit l'iniquité des pères sur les enfants et sur les enfants des enfants jusqu'à la quatrième génération ». Ceci démontre à suffisance que nous avons la responsabilité de père sur les enfants. C'est pourquoi même en Israël, il était dit fréquemment ce proverbe, nous citons : « les pères ont mangé les raisins verts, et les dents des enfants en ont été agacés » (Ezéchiel 18 :2). Cependant, Lamentations 5 :7 vient paraphraser clairement cette pensée : « Nos pères ont péché, ils ne sont plus, et c'est nous qui portons la peine de leur iniquité ». Raison pour laquelle, par la grâce que Dieu a faite en nous révélant ces réalités d'une importance capitale, nous appelons nos lecteurs à prendre conscience sur les méfaits nocifs que pourront subir innocemment nos enfants, petits-enfants et arrières petits-enfants à cause de nos actes irréfléchis.

II.3.2.1. Les personnes impliquées

Faisant un calcul très simple, nous avons quatorze personnes dans les quatre générations, et partant de la parole de Dieu, lue ci haut, toutes ces quatorze personnes doivent marcher dans l'intégrité pour que le moi « ego » puisse être épargné de la malédiction. Voici par ailleurs le graphique de quatre générations. Nous emprunterons les signes utilisés en sociologie africaine. Mais avant d'en arriver là, il importe que nous sachions situer le nombre de personnes pour chaque génération jusqu'à « ego » le moi. Le tableau suivant en donne une explication claire.

Tableau 2 : Types des liens selon les générations

Générations	Nombre de personnes	Types
Première	8	Les Arrières grands parents
Deuxième	4	Les Grands parents
Troisième	2	Les Parents
Quatrième	1	Le moi (ego)

En excluant le moi, pour que le moi existe il fallait que 14 personnes s'unissent dans les liens de mariage et se transmettent le sang qu'est l'âme. En voici, maintenant, le graphique pour une meilleure compréhension :

NB : cette figure illustre le croquis d'un célibataire.

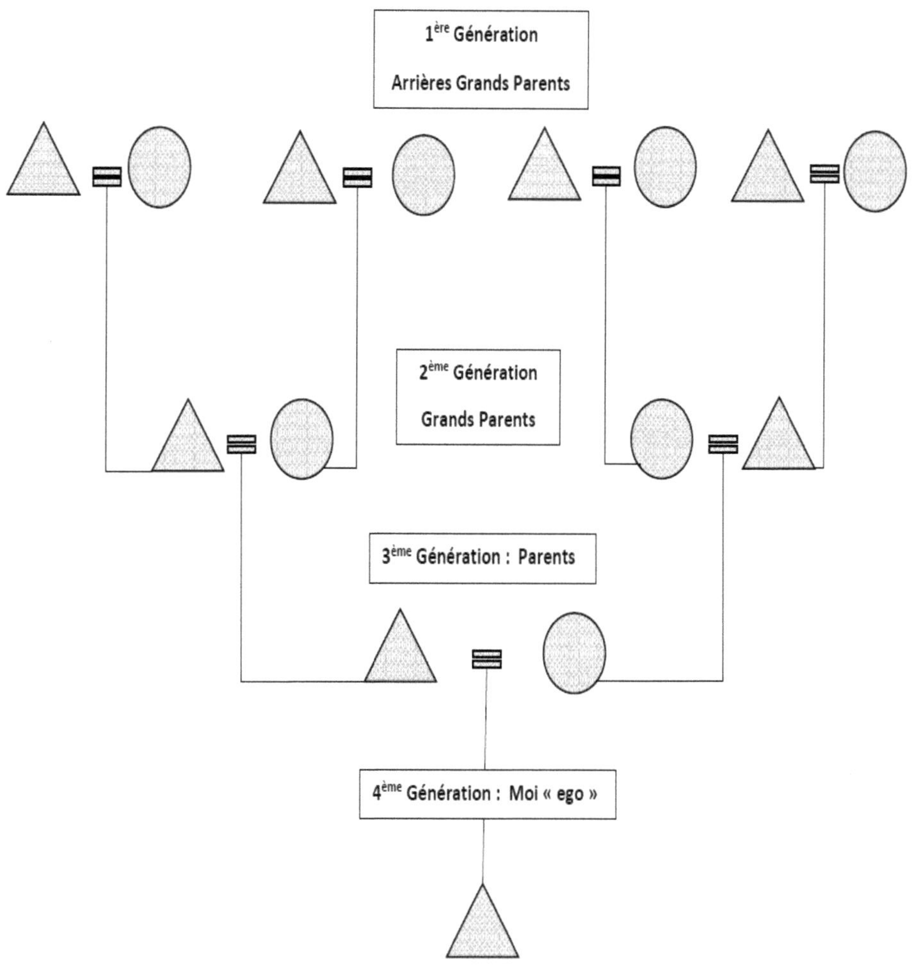

Figure 1 : Illustration des quatre générations

Au total, le « ego » a comme fardeau de quatorze personnes dans les quatre générations. En conséquence, il lui faut briser tous les liens de quatre générations nous transmis à travers le sang par ces quatorze personnes. Les croquis pour le couple marié seront multipliés par deux parce que chacun des conjoints amène dans le mariage sa charge de quatorze personnes. Matthieu 19 :5-6 nous dit : « C'est pourquoi l'homme quittera son père et sa mère et s'attachera à sa femme et les deux deviendront une seule chair. Ainsi ils ne sont plus deux mais ils sont une chaire ».

Voici dans la figure suivante (figure 2) les croquis pour ce cas de mariés.

Néhémie 1 : 6b nous donne une bonne illustration : « Moi et la maison de mon père nous avons péché contre toi ». La maison dont il est question ici, n'est pas les quatre murs mais plutôt l'ensemble de personnes issues d'une même souche biologique, en remontant jusqu'à X génération. La maison constitue aussi l'ensemble de personnes partageant les mêmes habitudes, les mêmes pensées, la même vie, etc.

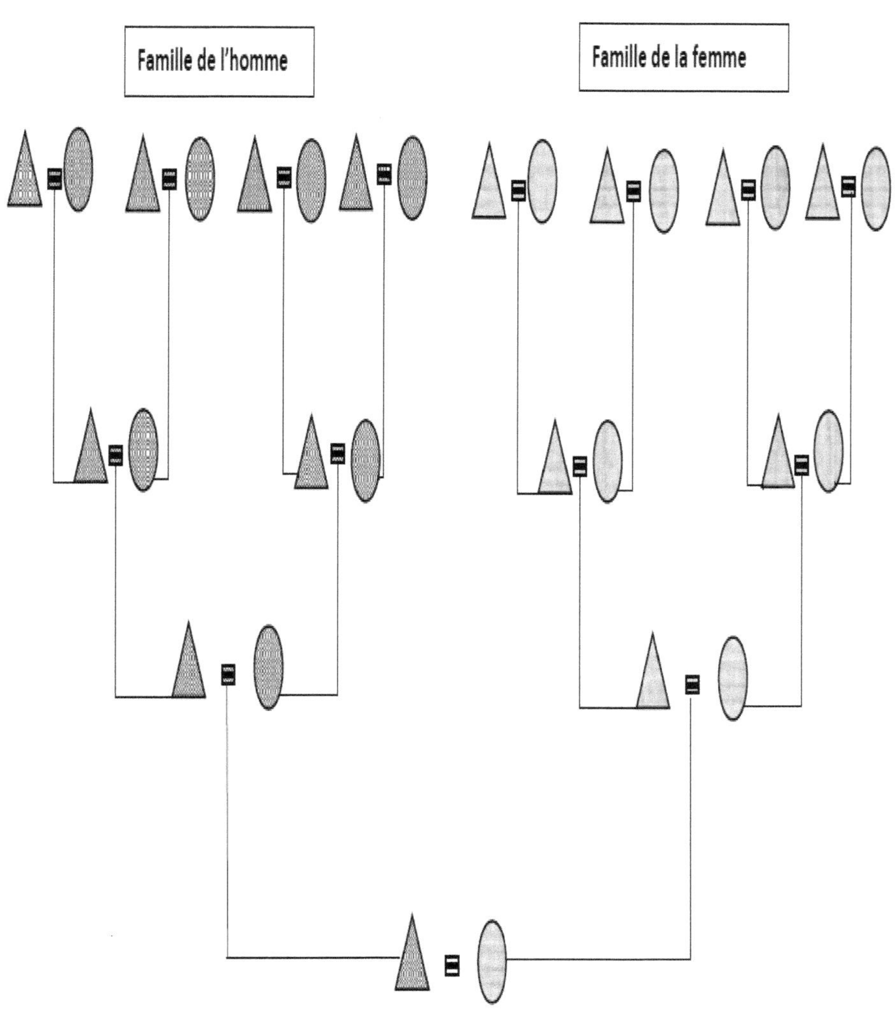

Figure 2 : Illustration du cas de mariés

L'anglais explicite bien cette nuance : dans ce cas nous parlerons de « Home » et non de « House ».

NB : Si nous lisons Paul dans 1 corinthiens 6 : 15-16 concernant l'union sexuelle d'un (e) conjoint (e) avec un (e) prostitué (e), nous lisons ceci : « Ne savez-vous pas que vos corps sont les membres de Christ ?......Ne savez-vous pas que celui qui s'attache à la prostituée est un seul corps avec elle ? Car est-il dit, les deux deviendront une seule chair. » (Version Louis Segond)

Ceci implique que si quelqu'un en plus de porter la charge de vingt-huit personnes selon le graphique d'un couple marié, il ajoute quatorze multiple fois le nombre de partenaires que la (le) prostitué (e) a connu avant elle (lui). Cette révélation est donnée en vue de montrer le danger auquel un infidèle se livre à travers les liens de quatre générations. C'est la raison pour laquelle, plusieurs personnes connaissent des vies bloquées et des morts précoces parfois subites et d'autres malédictions similaires. Remarquons que celui qui maîtrisera le domaine sexuel aura plus de sécurité, d'harmonie dans sa vie et de l'équilibre dans son ministère. Esaïe renchérit en disant : « Portez les regards sur le rocher d'où vous avez été taillés et sur le creux de la fosse d'où vous avez été tirés » (Esaïe 51 :1 Version Louis Segond).

Plusieurs malédictions que les gens connaissent dans leur vie proviennent de la fosse d'où ils ont été tirés, bref la maison de leur père. Voilà le bien-fondé de la révélation que nous avons reçu de la part de l'Eternel sur Ezéchiel 16 :1-3, les liens qui rendaient Jérusalem abominables. L'étude exégétique de ce texte nous démontrera l'origine des échecs et des malédictions de plusieurs enfants de Dieu, en particulier, et des nations en général.

II.4. Ezéchiel 16 :1-3

Ce texte étant la base même de toute cette rédaction, nous allons considérer en détail les tournures des liens qui affectaient la vie intégrale de Jérusalem comme personne physique.

II.4.1. Ses origines

De par le nom Jérusalem signifie, pour les hébreux, fondement de la paix, possession de paix. L'adresse de Dieu contredit cependant, le sens de Jérusalem car la Parole qui fut adressée à Ezéchiel disait bien des abominations qui étaient attachées à Jérusalem. Si Jérusalem veut dire dans une expression simple maison de paix, vit-elle cette paix ? La Bible répond : Non ! car la parole de l'Eternel fut adressée à Ezéchiel en ces mots : « Fils de l'homme, fais connaître à Jérusalem ses abominations ».

Cette situation doit nous interpeller, nous chrétiens d'aujourd'hui qui portons le nom de Dieu avec toutes ces implications, mais en réalité nous vivons exactement le contraire. C'est pourquoi, Dieu commence par révéler ou éveiller la connaissance de Jérusalem sur les éléments constitutifs de ses malheurs. Nous nous devons de savoir que la connaissance de la vérité sur soi libère. L'évangile de Jean 8 :32 nous dit :« Vous connaitrez la vérité et la vérité vous affranchira ». C'est dire que l'affranchissement ou la délivrance dépend de la connaissance de la vérité sur notre vie. Qu'est-ce qu'on ne t'a pas dit mais qu'on a fait sur ta vie ?

Retournons au cas de Jérusalem, ce que ce dernier ignorait furent ses racines qui n'étaient pas conformes au plan divin. Remarquons que Jérusalem est victime des actes de la maison de ses pères. Voyons cela, avec le texte : verset 3 : « Tu diras ainsi parle le Seigneur, l'Eternel à Jérusalem : Par ton origine et ta naissance tu es du pays de Canaan ; ton père était un amoréen et ta mère une héthienne ».

Dieu en citant l'origine de Jérusalem qui est la cause principale de ses abominations, veut retracer l'héritage maléfique que Jérusalem a eu. Quel est cet héritage ? Tout part de Noé, l'ancêtre de Jérusalem ; il engendre Sem, Cham, et Japhet (Genèse 5 :32). Ensuite les fils de Noé entre autres Cham engendre Canaan (Genèse 9 :18).

Au chapitre 10 de Genèse et au verset 15, Canaan engendre Heth et Amore qui deviennent les parents de Jérusalem. Or ces deux partenaires étaient issus d'un même père et mère tel que Ezéchiel 16 :3 nous dit. Il y a lieu de constater l'inceste qui n'est pas dit tout haut. Ainsi, voici le graphique généalogique de Jérusalem et les causes de ses malédictions :

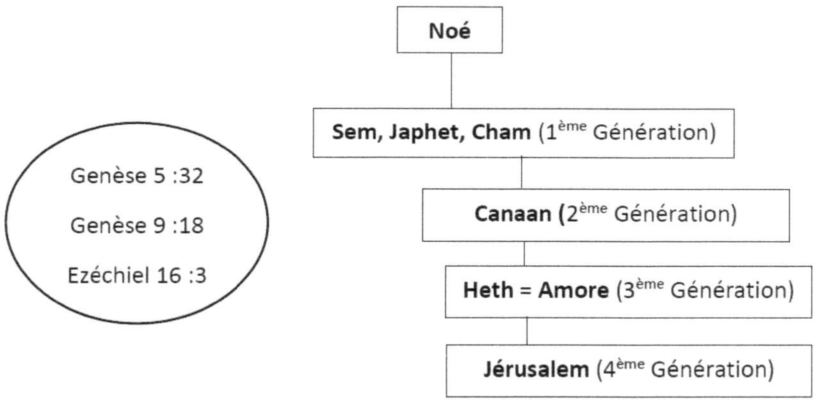

Figure 3 : Généalogie de Jérusalem

1. Noé cultiva la vigne (Genèse 9 :20)
2. Noé but et s'enivra en se découvrant au milieu de la tente (Genèse 9 :21)
3. Cham son fils et père de Canaan vit la nudité de son père et le rapporte dehors à ces deux frères (Genèse 9 :22)
4. Japhet et Sem évitèrent de voir la nudité de leur père et le couvrirent avec un manteau en se cachant le visage (Genèse 9 :23).

5. Noé, se réveilla de son vin, il apprit ce que lui avait fait son fils cadet Cham (Genèse 9 :24).
6. Noé maudit Canaan en lui à la place de Cham son fils, responsable du péché (Genèse 9 :25).

De ce qui précède, Ezéchiel 18 :1-2 nous révèle ce qui se cache derrière cette malédiction de Canaan, il dit : « Les pères ont mangé les raisons verts (Cham) et les dents des enfants en ont été agacées (Canaan) ». Qu'a-t-il fait ? Sinon l'âme qu'il a reçue a péché.

Dès lors ce que Cham avait fait, la voierie est devenue une coutume en Canaan (Lévitiques 18 :3,6-7) : « Vous ne ferez point ce qui se fait dans le pays de Canaan où je vous amène : vous ne suivrez point leurs usages...qui sont de découvrir la nudité de leurs parentes. Tu ne découvriras point la nudité de ton père, ni de ta mère ». La voierie devient un usage en Canaan à cause de Cham qui initia cette pratique. Deuxième fait : Heth qui est sœur de Amore, tous issus de Canaan vont se marier par une union illicite, et vont avoir comme enfant « Jérusalem ». Deutéronome 23 :2 nous dit à juste titre que : « celui qui est issu d'une union illicite n'entrera point dans l'assemblée de l'Eternel, jusqu'à sa deuxième génération ». L'inceste est l'une des portes qui amène la malédiction dans des familles. Quel est l'héritage familial que tu as eu ? Es-tu issu d'une union illicite ? Rassures-toi, qu'il y a des implications néfastes si tel est ton cas. Par la suite nous te proposerons des solutions. Recherche avec le Seigneur qui te connait mieux les causes de tes blocages, de ta malédiction, de tes maladies. Psaumes 139 :13,15 nous dit : « Dieu nous a tissé dans le sein de nos mères. Nos corps n'étaient point cachés devant Dieu lorsque nous étions dans un lieu secret ». C'est pourquoi, rien n'est caché devant le Seigneur. Que Dieu te fasse connaître la vérité cachée sur toi.

Voici quelques questions qui pourront t'aider :

a) Quel héritage maléfique as-tu reçu de tes parents ? (Mode de transmission : le sang). Exemple : Isaac a reçu de son père Abraham l'esprit de mensonge et de ruse (Genèse 12 :10-20). Abraham mentit en Egypte où il se refugia pour cause de famine, en disant que sa femme était sa sœur, afin d'éviter la mort. Isaac à son tour passa par une situation similaire toujours à cause de la famine. Il se retrouva chez Abimelec à Guerar et mentit aussi que sa femme Rebecca était sa sœur, pour éviter toujours la mort. Tous deux, afin d'éviter la mort ont usé de même mensonge en sacrifiant leurs femmes aux étrangers dans les mêmes situations de famine. Or, quand Abraham mentait, Isaac n'était pas encore né ! c'est par le sang qu'Isaac a eu ces informations.

b) Quelles sont les abominations familiales devenues passages obligés de tout le monde ?

c) Quels sont les objets familiaux hérités ?

A ce stade, édifiez-vous avec ces deux passages :

- Job 14 :4 « Comment d'un homme souillé sortira-t-il un homme pur ? il n'en peut sortir aucun ».
- Psaumes 58 :3 « Les méchants sont pervertis dès le sein maternel » (Versions Louis Segond 1910 et 21).

Cependant, au moment où tu prends connaissance de ces enseignements et que tu romps avec toute espèce de malédictions parentales, tu pourras transmettre à ta progéniture un héritage bénéfique. Deux cas nous édifierons :

a) Mephiboscheth récupéra ses biens aliénés par une autre personne tyran de sa ville, et s'assit pour le reste de sa vie à la table du Roi David. Tout cela à cause du bienfait de son père Jonathan envers David (2 Samuel 9 :1-13) et aussi Jonathan avait son contact avec son père Saül s'alliant à David.

b) Lévi fut bénéficiaire des dîmes parce que son aïeul Abraham la paya à Melchisédech. Hébreux 7 :9-10 nous dit : « De plus, Lévi, qui perçoit la dîme, l'a payé, pour ainsi dire, par Abraham car il était encore dans les reins de son père lorsque Abraham alla devant Melchisédech » (Versions Louis Segond 1910 et 21).

II.4.2. A la naissance de Jérusalem, au jour où il naquit, son nombril n'a pas été coupé (Ezéchiel 16 :4)

De par le sens étymologique, le mot nombril veut dire du latin *« Umbilicus »* et de là découle l'expression *« cordon ombilical »* qui est un canal contenant les vaisseaux vitaux qui unissent le fœtus au placenta (fœtus=bébé, placenta=mère). Et ces vaisseaux sont des canaux permettant le passage du sang. Ce qui nous ramène au chapitre où nous avons parlé des liens de l'âme (II.3.1). Il faut donc couper le nombril qui lie l'enfant à sa mère afin que ce dernier soit indépendant. De la même manière, spirituellement, le cordon ombilical dont il est question pour Jérusalem le liait à toutes les malédictions ascendantes qui pesaient sur lui. C'est pourquoi, tant que tu seras lié par le nombril à tes parents tu porteras leurs charges maléfiques parce que l'alimentation est toujours en activité, car l'enfant reçoit tout par ce canal :

- Il mange par ce canal. Tu mangeras aussi par ce canal (dépendance permanente et totale).
- Il reçoit l'oxygène par ce canal (son centre d'impulsion c'est les autres)
- Toute sa vitalité passe par ce canal.

Raison pour laquelle, la première action pour être délivré totalement consiste à couper le nombril, autrement dit se séparer de toute influence maléfique parentale (home). Voici par ailleurs les conséquences de ces liens :

- La dépendance familiale (aux parents, au clan...) ouvre la porte de la soumission à la loi familiale. Celle-ci dirige la vie de tous et même quand elle s'oppose à la loi divine. La loi familiale dont il est question n'est autre que la coutume, les traditions, la sorcellerie, la magie noire, les rites et cérémonies d'usage qui prennent le dessus sur tout individu de la famille, clan et tribu. Et l'ordre est ainsi établi en passage par le club des ainés. Ce sont eux qui prennent les décisions en lieu et place de l'intéressé. Que ça soit au cours de :
    - Mariage (on décide sur son (sa) futur (e) conjoint (e))
    - Naissance (le père ou un membre du club des ainés sera toujours attendu pour donner le nom au nouveau-né).
    - Décès : un membre de ce club sera choisi pour prendre la direction du déroulement du deuil et c'est encore lui qui s'adressera au mort lors de l'enterrement au nom de la famille. L' (les) éprouvé (es) n'aura (ont) pas de mot à dire mais subira (ont) tout du club des ainés.

Tous les drames que nombreuses personnes vivent, proviennent de cette manière barbare de vivre. Et cela provoque dans la vie de la victime une servitude douce et l'amène à :

- La vie de blocage.
- Au manque de décision personnelle.
- A la surveillance familiale.
- Au contrôle de sa maison à distance.
- A la prise des décisions pour ses problèmes par une autre personne du dehors.
- Réduire son autonomie par le fait que les grandes décisions de sa vie doivent passer par les censures des membres du club des ainés (études, voyages, acquisition des biens, mariage des enfants, même confession de foi).

En général, le manque d'autorité individuelle s'installe dans l'individu, car il y a consultation permanente des autres.

Remarque :

1. Se tourner vers la parole de Dieu

   Pour éviter toutes ces pratiques il faut tourner sa vie vers la parole de Dieu ; Deutéronome 28 :1 nous dit : « ...Si tu obéis à la voix de l'Eternel ton Dieu, en observant et en mettant en pratique tous ces commandements que je te prescris aujourd'hui, l'Eternel ton Dieu, te donnera la supériorité sur toutes les nations de la terre ». Obéir à la voix de Dieu, l'observer et la mettre en pratique donnent la solution à tous les problèmes cités ci-haut et cela détrônera l'autorité familiale sur ta vie et te mettra sous l'autorité divine. Ainsi l'autorité de la parole de Dieu dirigera désormais ta vie. Le conflit entre ces deux autorités est toujours d'actualité. En se soumettant à celle de Dieu on sera considéré et traité de rebelle dans la famille. Mieux vaut obéir à Dieu qu'aux hommes nous dira Paul. L'autorité familiale mérite notre respect mais celle de Dieu notre entière soumission et crainte. Ainsi, la seule loi qui dirigera nos vies sera celle de Dieu. Celle-ci constitue la première loi de la réussite dans toute la vie pratique (Josué 1 :8 et Deutéronome 28 :1-4). Attirons notre attention par l'exclamation de Paul quand il a découvert les conflits de ces deux lois en disant : « Misérable que je suis, qui me délivrera du corps de cette mort... ? Le bien que je veux faire, je ne le fais pas et le mal que je ne veux pas faire c'est ce que je fais. Donc il y avait, en lui deux lois qui se bousculaient, l'une de faire le bien et l'autre de faire le mal.

2. Se séparer de... : Genèse 1 :3-4 ; 6-8a, 14 ; Genèse 13 :9, 14

La vie chrétienne est une vie de perpétuelle séparation. A chaque étape l'exigence divine nous contraint de se séparer. La question importante est que, plusieurs n'arrivent pas à se séparer à cause soit de la distraction, soit de l'esprit de naïveté. Il faudrait aussi savoir d'avec quoi ou d'avec qui doit-on se séparer ?

a) **Il faut se séparer de la vie ténébreuse (Genèse 1 :1, 3-4)**

   La première chose à savoir : « qui est l'agent de la séparation ? ». Ce n'est pas un homme mais Dieu car la Bible déclare : « Au commencement, Dieu... ».

   - Chaque clan, chaque famille, chaque tribu a un dieu qu'il vénère, mais celui dont nous parlerons dans cette citation est celui dont Jean 1 :1 parle, qui est la Parole Vivante et dont Apocalypse nous montre qu'il est l'Alpha et l'Omega (Apocalypse 21:6 version Louis Segond 1910). Si Dieu n'a pas encore commencé, ton existence n'a pas encore commencé aussi.
   - Dieu étant l'agent de la séparation, il commence dès sa création par séparer :

1) <u>**La lumière des ténèbres**</u>

Puisque l'homme devrait être créé après, Dieu n'a pas souhaité que ce dernier soit créé dans les ténèbres. C'est pour nous dire que toute création, tout projet, toute vie, tout plan qui commence dans les ténèbres ne commence pas avec Dieu et il est voué à l'échec.

2) **Les eaux d'en haut et les eaux d'en bas**

Dès lors qu'il y a eu cette séparation, Dieu a appelé les eaux d'en haut vapeur (objet abstrait) et les eaux d'en bas liquide (objet concret). Cela étant, après avoir préparé un espace lumineux pour l'homme, Dieu ne veut pas que notre vie soit abstraite mais qu'elle soit concrète. C'est ainsi que tout enfant de Dieu doit éviter d'avoir une bénédiction abstraite (qui se limite dans les visions, les rêves, les prophéties...) mais devra palper et vivre concrètement sa bénédiction. C'est pourquoi avant que l'homme ne soit, Dieu va créer une série des valeurs qui concourent au bien être de ce dernier, afin qu'il ne vienne pas trouver le chaos ; sa provision était déjà disponible.

b) **Se séparer des personnes qui peuvent constituer des blocages contre nous (Le club de Lot)**

Ces gens souvent ne sont pas appelés par Dieu mais suivent ceux qui sont appelés. En Genèse 12 :4, la Bible dit : « ...Abraham partit, comme l'Eternel le lui avait dit et Lot partit avec lui ». Souvent, ce club de Lot, ne vient faire que l'œuvre du diable aux cotés des appelés (Jean 10 :10). Les trois verbes utilisés dans ce verset « Dérober, égorger et détruire » signifient respectivement **ΚλεΦει (KLEFEI), τυσειι (TUSEI), απολεσει (APOLESEI)** qui veut dire accaparement des âmes (vies), exploitation, meurtre morale, et perdition totale ». Dans accaparement l'idée est de désorienter la personne. Lot qui n'était pas une personne étrangère mais plutôt de la maison d'Abraham (HOME) s'est constitué en ennemi potentiel pour nuire à la bénédiction d'Abraham. C'est ainsi qu'Abraham, bien que cet obstacle n'était pas déjà déclaré, le vit au travers de ceux qui étaient avec Lot. Et en homme averti spirituellement, il chercha Lot pour se séparer d'avec lui.

Plusieurs familles africaines en particulier, connaissent des désastres à cause des complaisances sur ce domaine. Elles assistent passivement à leur destruction et à celle de leurs enfants au nom de l'hospitalité africaine. Il s'agit d'une stratégie maléfique du diable pour tuer doucement et sans qu'il ne s'en rendre compte. Ayons, par conséquent, une compagnie qui concoure à notre bien-être. C'est pourquoi la Bible dit : « Ne vous y trompez pas, les mauvaises compagnies corrompent les bonnes mœurs » (1 corinthiens 15 :33). Et Paul continue en 2 corinthiens 6 :17-18 en disant : « C'est pourquoi, sortez du milieu d'eux, et séparez-vous, dit le Seigneur ».

La grande révélation de la réussite d'Abraham ne consiste pas dans sa marche avec le Seigneur mais particulièrement dans la séparation d'avec la maison de ses pères (Térach, père d'Abraham et prêtre de Madian) comme le souligne Josué 24 :2 « Josué dit à tout le peuple : Ainsi parle l'Eternel, le Dieu d'Israël : Vos pères, Térach, père d'Abraham et père de Nachor, habitaient anciennement de l'autre côté du fleuve, et ils servaient d'autres dieux ».

L'appel d'Abraham ne pouvait pas être efficace aussi longtemps qu'il était dans cette maison, s'il n'était pas séparé (Genèse 12 :1). Térach veut dire : Bouquetin qui signifie : bouc sauvage. Romains 11 :16 nous dit : « ...si les prémices sont saintes, la masse l'est aussi, et si la racine est saine, les branches le sont aussi ». Plusieurs personnes cherchent l'origine de leurs malédictions et se réfèrent à ce qui est visible en oubliant ce qui est invisible. Nous considérant comme issues de l'arbre de la malédiction, dont les racines produisent diverses malédictions que nous pouvons observer dans la vie de plusieurs personnes, la solution ne pourra venir qu'en observant : Romains 11 : 17, 24 qui nous dit : « Si quelques-unes des branches ont été retranchées, et si toi qui était un olivier sauvage, tu as été enté... et rendu participant de la racine et de la graisse de l'olivier franc ». La grande préoccupation pour nous comme pour Abraham : nous étions naturellement sur des oliviers sauvages pour être greffés sur Dieu « l'olivier franc ». Il a changé sa nature et dès lors, il est devenu aussi la racine de l'olivier franc, père des multitudes. A nous d'accepter d'être séparé de nos racines sauvages pour être greffé sur Abraham et participer à sa bénédiction. C'est pourquoi Romains 11 :24 conclut en disant : « Si toi, tu as été coupé de l'olivier naturellement sauvage et enté contrairement à ta nature sur l'olivier franc, à plus forte raison eux seront-ils entés selon leurs natures sur leur propre olivier » (fils charnels d'Abraham, Israël en occurrence ; Romains 11 :26).

Rahab qui était sur l'arbre de la malédiction avec comme signe maléfique visible sa prostitution, elle se retrouve dans l'arbre généalogique de Jésus-Christ (Matthieu 1 :5). Et Ruth la Moabite, pour sa part, qui était de par ses origines exclue éternellement d'entrer dans la maison (clan) de l'Eternel, se retrouve coupée de ses racines moabites, ancêtre de Jésus-Christ (Matthieu 1 :5) parce que greffé sur Boaz.

Voudras-tu faire aussi cette expérience ? Accepte humblement de couper le nombril qui constitue « les racines maudites » qui te liaient à l'arbre de la malédiction et d'être greffé sur l'arbre d'Abraham. Ainsi, la malédiction de la première maison ne pourra pas t'atteindre et tu bénéficieras de la bénédiction de la deuxième maison. Et nous pourrons nous exclamer comme David : « Je suis dans la maison de Dieu comme un olivier verdoyant » (Psaumes 52 :10).

II.4.3. On ne l'a pas lavé dans l'eau pour être purifié (Ezéchiel 16 :4)

L'Eglise après avoir compris la nécessité de couper ses racines païennes, une autre expérience l'attend : celle de la purification par la parole de Dieu qui est l'eau. Paul écrivant aux Ephésiens dit : « ...Afin de la sanctifier par la parole, après l'avoir purifié par le baptême d'eau, afin de faire paraître devant lui cette église glorieuse, sans tâche, ni ride, ni rien de semblable, mais sainte et irrépréhensible » (Ephésiens 5 :26-27). Comprenons que quand nous lisons Josué 5 :9 nous sommes interpellés par la phrase que l'Eternel prononce à l'endroit d'Israël : « c'est aujourd'hui que j'ai roulé de dessus vous l'opprobre de l'Egypte ». Faisons une étude exégétique pour comprendre le fond de cette déclaration.

1. Le vrai opprobre fut l'incirconcision de tout male dans le camp d'Israël.
2. Cette situation ne pouvait pas permettre à Dieu de descendre dans ce camp.
3. La loi de Dieu condamnait déjà ce peuple incirconcis de s'appeler peuple de Dieu.
4. Dans leur situation, ils ne pouvaient pas bénéficier de la faveur divine.

Mais cependant, Israël :

- A traversé à sec la mer Rouge,
- A même construit le tabernacle,
- A vécu des manifestations de Dieu dans le tabernacle par des signes et des prodiges,
- A bu de l'eau du rocher,

- A mangé la manne tombée du ciel.

Bien que cela lui fût accordé, rien ne certifiait sa pureté. Ce fut de la pure grâce de Dieu, la tolérance divine dans le temps de faiblesse. Ne nous y trompons pas aussi par le fait de bénéficier de la grâce de Dieu, des miracles, des signes et conclure que nous sommes sans opprobre. Quelques cas vont nous édifier avant de conclure cette partie.

- **Anne mère de Samuel (1Samuel 1 :1-7)**

  Aimé par son mari, recevant des faveurs de ce dernier plus que sa rivale mais frappée par l'opprobre de la stérilité, et souvent mortifiée par sa rivale. Cet état l'affaiblissait continuellement.

- **Anne la prophétesse (Luc 2 :36-37)**

  Puissante servante de Dieu en prophétie. Dans sa jeunesse, vierge et mariée régulièrement, resta veuve après sept ans seulement de vie conjugale.

- **Naaman le général de l'armée de Syrie (2Rois5 :1)**

  Soutenu par Dieu, fit des grands exploits avec son intelligence remarquable dans la stratégie de guerre, il fut lépreux. Et l'eau fut son seul salut qu'il devait recevoir humblement.

Chacun de nous porte son opprobre caché, encore faut-il l'identifier et passer par la délivrance pour l'annuler dans son existence, sinon le diable attendra que tu fasses les grands exploits et que ta renommée atteigne d'autres territoires pour qu'il vienne enfin te livrer en spectacle. C'est d'ailleurs, le cas de plusieurs serviteurs de Dieu qui sont montés, qui ont fait des exploits mais dont la fin a été désastreuse et humiliante.

II.4.4. On ne l'a pas frotté avec du sel (Ezéchiel 16 :4)

Lévitique 2 :13 dit : « Tu mettras du sel sur toutes tes offrandes ; tu ne laisseras point ton offrande manquer de sel, signe de l'alliance de ton Dieu ; sur toutes tes offrandes tu mettras du sel ». Et Ezéchiel 43 :23-24 dit : « Quand tu auras achevé la purification, tu offriras un jeune taureau sans défaut, et un bélier du troupeau sans défaut. Tu les offriras devant l'Eternel ; les sacrificateurs jetteront du sel sur eux, et les offriront en holocauste à l'Eternel », nous donne l'importance capitale du sel surtout quand il s'agit de l'offrande à Dieu. Paul vient nous donner le meilleur sacrifice après celui du corps de christ : « je vous exhorte donc frères par les compassions de Dieu à offrir vos corps comme un sacrifice vivant,

saint, agréable à Dieu, ce qui sera de votre part un culte raisonnable » (Romains 12 :1).

De ce qui précède, Dieu exigeait aux sacrificateurs de verser le sel sur toutes les offrandes et nous-mêmes en tant qu'offrandes à Dieu, la présence du sel dans notre vie est très capitale. Christ ne nous dit-il pas : « vous êtes le sel de la terre » (Matthieu 5 :13a) ; car Christ connaissait bien le rôle du sel. Si tu veux assainir ta vie, tu auras besoin de te frotter avec du sel. Voici quelques fonctions du sel selon la pensée de Dieu :

- Le sel empêche la pourriture
- Le sel assainit l'objet
- Le sel donne la saveur.

En 2 Rois 2 : 18ss on évoque la situation dramatique de Jéricho. Le séjour dans cette ville était bon, mais Jéricho était traversé par une rivière dont l'eau était mauvaise et le pays en fut stérile. Il est vrai que tout semble bon dans ta vie mais tu es traversé par un malheur qui ne dit pas son nom et la stérilité s'abat dans tous les domaines de ta vie. La solution est pourtant si simple comme pour le cas de Jéricho. Le prophète a procédé par :

1. Qu'on lui apporte une assiette neuve
2. Qu'on y mette du sel
3. Que le prophète aille à la source de la rivière et qu'il y jette du sel
4. Toute la rivière fut assainie et l'eau devint douce
5. La stérilité qui frappa la ville de Jéricho disparue.

Ceci nous donne l'idée fondamentale de la déclaration divine sur Jérusalem : « A ta naissance, on ne t'a pas frotté avec du sel ». C'est souvent à la source d'une vie qu'il faut aller chercher les causes du malheur et les résoudre toujours là-bas. Cette pensée est la ligne médiane de notre révélation, dans plusieurs circonstances prévues, le malheur provient des racines, c'est-à-dire de l'origine ou de la source. A chaque naissance le souhait de Dieu est que le sel ne manque pas. Christ étant le sel du monde doit se frotter avec tout enfant de Dieu qui vient du monde afin de protéger ce dernier de toute influence du monde stérile. Raison pour laquelle on présentait l'enfant à Dieu après 7 jours qui suivent sa naissance.

Malheureusement, la coutume et particulièrement africaine exige aussi que l'enfant soit frotté avec les feuillages : cas de « **LUKOTSHI mélangé avec l'huile de palme** ». Les adeptes de cette pratique défendent cette dernière comme la seule façon de protéger l'enfant contre les mauvais esprits (raison apparente). Mais au fond, on dédie l'enfant à la protection des ancêtres (raison profonde). Et pourtant la Bible déclare dans Psaumes 127 :1b « Si Dieu ne garde la ville, la sentinelle veille en vain » ; il n'y a que Dieu qui peut bien protéger une vie humaine. La moindre négligence à la naissance de l'enfant, ou encore la distraction des parents, peut affecter toute l'existence de cet enfant. En rapport avec la mauvaise odeur appelée « HALEINE » qui provient lors de la naissance de l'enfant par le simple fait de ne pas l'avoir lavé. Et cette odeur l'accompagnera toute sa vie.

Nous trouvons que chaque ministre de Dieu doit réfléchir sincèrement comment s'est faite sa nouvelle naissance et quels sont les évènements qui ont entouré celle-ci. Car pour notre part, c'est prendre beaucoup de risques, que d'être jeté dans le champ de Dieu sans au préalable expérimenter la rencontre intime et personnelle avec le sel du monde à savoir Jésus-Christ. Condition sine qua none pour votre ministère ait de la saveur et attire ainsi bon nombre de personnes au salut.

II.4.5. On ne l'a pas enveloppé dans des langes (Ezéchiel 16 :4)

La base de cette partie n'est rien d'autre que la nudité. La culture actuelle des hommes et des femmes tend vers l'esprit de rester nu. Les modes d'habillement que nous observons aujourd'hui amènent les usagers à s'habiller à peine.

Revenant au texte de Genèse 9 :21-25, nous voyons l'origine de la malédiction sur la vie de Canaan, c'est fut la nudité. Cet enfant, Jérusalem, n'a pas été enveloppé comme son arrière grand parent Noé. En Genèse 19 :30-38 Lot habitant dans une caverne avec ses deux filles et comme il n'y avait plus d'hommes dans cette contrée. Les filles résolurent, d'enivrer leur père, de le découvrir, et de coucher avec lui afin de se faire une progéniture. Voilà l'origine des Ammonites et Moabites qui furent exclus de la présence de Dieu à perpétuité (Deutéronome 23 : 2-3).

Nous citerons à titre d'information quelques dépravations sexuelles qui affectent plusieurs personnes et amènent la malédiction et les blocages dans leurs vies :

- L'inceste
- Le viol
- L'homosexualité
- La bestialité
- L'impudicité
- La fornication
- La masturbation
- La voierie
- La pornographie
- La partouze

Le mariage reste le seul cadre où les relations sexuelles sont autorisées et doivent se passer d'une manière respectable entre les partenaires. Il est question d'éviter les fantasmes malsains dans le cadre du mariage. Toutes ces déviations ne sont que l'œuvre du diable. Plusieurs témoignages de ceux-là qui étaient dans le monde ténébreux tels que la sorcellerie vous diront que la dépravation sexuelle couronne leurs rencontres nocturnes et sans tenir compte de l'âge des partenaires. C'est pourquoi les enfants de Dieu doivent veiller sur leur habillement et être décent, en évitant l'exhibitionnisme et la légèreté. Ne pas être à la merci des modes qui proviennent le plus souvent du monde de ténèbres afin d'envoûter les adolescents pour mieux détruire leur avenir.

CHAPITRE TROISIEME : LE COMBAT SPIRITUEL, PORTE POUR LA CONQUETE

III.1 Introduction

Après avoir terminé toutes les opérations importantes qui constituent des ouvertures sûres d'échecs pour plusieurs personnes nous citons la délivrance des :

- liens de l'âme,
- liens de quatre générations,
- liens du cordon ombilical et ses dérivés.

Nous pouvons maintenant nous affronter avec le diable dans le combat spirituel afin de ramener à l'effectivité toutes nos bénédictions et promesses que la Bible nous offre légalement. L'ignorance de cet aspect de la vie chrétienne maintiendra plusieurs enfants de Dieu dans la servitude et le manquement et finirons par traiter Dieu de menteur alors que ce dernier fait sa part comme nous dit la Bible : « il exerce mes mains au combat, et mes bras tendent l'arc d'airain. Tu me donnes le bouclier de ton salut, ta droite me soutient et je deviens grand par ta bonté » (Psaumes 18 :34-35 ; Version Louis Segond 1910).

III.2. Définitions

Les concepts combat spirituel nous donnent plusieurs façades pour la meilleure compréhension.

1) **Le combat**

Par combat, nous entendons, une lutte engagée pour attaquer ou se défendre ; une lutte contre les obstacles de toutes sortes. Bref, le combat doit être compris dans le sens de la confrontation dans un duel dont les parties sont Dieu et Satan.

2) **Spirituel**

Parce que, le combat est élevé au niveau de l'esprit. C'est pour cela que la Bible déclare : « Nous n'avons pas à combattre contre la chair et le sang, mais contre les dominations et les autorités, les princes de ce monde des ténèbres et contre les esprits méchants dans les lieux célestes » (Ephésiens 6 :12).

La meilleure compréhension de ces deux concepts se trouvent par ailleurs dans la nature du combat spirituel. Le thème du conflit est mis en exergue dans la parole de Dieu. Les écritures qui en parlent le décrivent comme un conflit qui oppose deux adversaires. D'un côté Dieu et de l'autre le diable. Si nous lisons dans les textes originaux le passage des Ephésiens 6 :12, le mot grec qui signifie duel dans lequel chacun s'efforçait à renverser par terre l'autre. C'était ça, le sens de la victoire : « mettre l'autre par terre » dans un combat corps à corps engageant l'être tout entier.

Ce conflit est de ce fait une réalité dans le monde spirituel entre Dieu et Satan. Les hommes et les créatures ne sont associés qu'indirectement parce que portant l'image de Dieu. Et l'adversaire de Dieu, Satan, combattra à jamais, Dieu et tout ce qui le représente. Ignorer cette réalité c'est être vaincu avant la guerre et vivre le contraire de toutes les bénédictions que Dieu nous a destinées.

Il est cependant important de signaler que ce dualisme n'engage pas deux forces éternelles égales. Le Dieu qui est à l'origine de toute création est le Maître Suprême de tout. Rien ne peut arriver en dehors de la volonté de Dieu. Et même son ennemi ne peut le combattre qu'avec sa permission au moment fixé par sa divine providence. C'est pourquoi, il en finira avec toute opposition. L'issue du combat fut déjà gagnée au ciel et l'ennemi fut jeté sur la terre. Le combat actuel peut être considéré comme la dernière phase qui dépouillera définitivement l'ennemi[1].

Ceci nous amène à définir le concept de conquête.

3) <u>Conquête</u>

La conquête est une action de conquérir, de se rendre maître par les armes, par la force. C'est aussi être victorieux en gagnant par ses qualités et aux prix d'efforts et des sacrifices. De part cette définition, nous remarquons que les chrétiens, dans le combat spirituel, ne sont pas des spectateurs qui assistent passivement à un duel mais ils y sont associés et impliqués. C'est pourquoi, nous parlons d'effort, de qualité et des sacrifices pour conquérir.

Par ailleurs la question nous serait posée de cette manière : « Dieu, a-t-il besoin de notre apport pour gagner un adversaire qu'il a pu vaincre et chasser lors de la première manche ? Nous disons non. Dieu veut seulement, nous voir dans ce combat afin de participer activement à sa gloire qui lui reviendra en dernier ressort. C'est pourquoi Christ nous appelle cohéritier, combattant dans la victoire et non pour la victoire.

III.3. L'organisation de l'ennemi

Pour être fort devant son ennemi, il faut mieux le connaitre. Cela étant, voyons comment l'ennemi est organisé :

- Le diable
- Le monde
- La chair

---

[1] *Cfr la pensée d'un Professeur*

Cette organisation constitue la meilleure stratégie de l'ennemi pour aboutir à ces desseins. Il importe de signaler que cette hiérarchie fonctionne dans un système d'assimilation (le déguisement). Les écritures saintes étant une lumière sur notre sentier nous aident à avoir un discernement profond pour découvrir et détecter toutes les malices de l'ennemi. C'est pourquoi, au monde, 1 Jean 2 : 15-17 nous éclaire en disant : « N'aimez pas le monde, ni les choses qui sont dans le monde » ; à la chair, Galates 5 :16-24 nous éclaire également : « Marchez selon l'Esprit et vous n'accomplirez pas les désirs de la chair, car la chair a des désirs contraires à ceux de l'Esprit ».

En plus, l'ennemi a une armée d'anges déchus qui combattent avec lui et pour lui. Ce sont les démons ayant comme hiérarchie :

- Les dominations
- Les autorités
- Les princes de ce monde des ténèbres
- Les esprits méchants dans les lieux célestes.

Retenons que pour discerner ces démons, il suffit de voir à travers les hommes ces qualificatifs entre autres :

- L'esprit de domination
- L'esprit autoritaire (abus de pouvoir à tous les niveaux familiaux, amitié, église, politique, etc.)

- L'esprit de la méchanceté, cruauté, trahison, etc.
- L'esprit de règne. Vouloir être chef partout, en tout, l'insubordination, etc.

Et pour faciliter le fonctionnement de son royaume il établit :

- Les systèmes
- Les gouvernements
- Les organisations
- Les religions qui renient la souveraineté de Dieu et de Christ ayant des cultes de personnalité en son sein.
- Les doctrines de Satan (doctrine des Nicolaïtes qui enseignaient à ses adeptes la liberté de manger les viandes sacrifiées aux idoles et de se permettre des actes immoraux comme les païens. Ils enseignaient aussi la liberté de la chair (Apocalypse 2 :15).

Ce royaume satanique s'étend sur des territoires bien définis avec à la tête un démon que nous appelons démons territoriaux. Les territoires qu'ils occupent peuvent être :

- La maison
- La famille
- Le quartier
- Le village
- La province

- Et le pays, etc.

Vous remarquerez à toute cette entité une qualification commune dans la vie de la population quand ces démons prennent un territoire ; ils le contrôlent, le gouvernent et personne de bien n'aura la facilité d'y entrer. Tout projet de bienfaisance échouera. La misère, la pauvreté, les maladies seront les signes distinctifs : « Lorsque Jésus fut à l'autre bord, dans le pays des Gadaréniens, deux démoniaques, sortant des sépulcres, vinrent au-devant de lui. Ils étaient si furieux que personne n'osait passer par là » Matthieu 8 :28.

III.4. Les stratégies de l'ennemi

Le diable travaille avec ces verbes principaux :

- Détourner
- Séduire
- Induire en erreur
- Créer des forteresses.

1. **Détourner**

Qui signifie faire changer de direction. C'est aussi écouter, éloigner, détacher. Nous le voyons dans le ciel où le diable a détaché une bonne partie des anges au trône de Dieu (Apocalypse 12 :3-4). C'est une stratégie que le diable utilise pour diviser les enfants de Dieu entre eux et provoquer des scissions dans l'église.

2. **Séduire**

Qui signifie conduire à l'écart, charmer, fasciner ou même envoûter (2 Thessaloniciens 2 :9-12).

3. **Induire en erreur**

Pousser à commettre une faute, à céder à une tentation. Notre Seigneur Jésus-Christ nous donne un exemple éloquent lors de sa prière de jeûne de quarante jours et quarante nuits, en nous apprenant la résistance dans la prière enseignée à ses disciples.

4. **Créer des forteresses**

Les forteresses sont des modèles négatifs des pensées comme nous le dit 2 corinthiens 10 : 4-5 en ces termes : « car les armes avec lesquelles nous combattons ne sont pas charnelles ; Elles sont puissantes, par la vertu de Dieu, pour renverser des forteresses. Nous renversons les raisonnements et toute hauteur qui se lève contre la connaissance de Dieu. Et nous amenons toute pensée captive à l'obéissance de Christ ».

Les forteresses se réfèrent au domaine de l'esprit humain. Ce sont les modèles négatifs comme dit ci-haut, des pensées qui s'érigent dans les esprits par répétition à travers le temps ou par une expérience dramatique connue. L'ennemi utilise cette stratégie pour dresser des hauteurs afin d'empêcher aux gens de recevoir dans leur cœur la vérité divine. Ces hauteurs peuvent être les préjugés, les idées préconçues, des croyances erronées qui influencent nos décisions et nos choix et affectent notre liberté. Ainsi, le but poursuivi par l'ennemi dans ce domaine est d'aveugler l'esprit humain à recevoir la révélation divine et de l'amener de la sorte à la perdition. Et l'homme non averti au combat spirituel tombe dans le piège de l'ennemi et celui-ci rend sa pensée :

1. Reprouvée
2. Endurcie
3. Aveuglée
4. Vaniteuse
5. Aliénée
6. Obscurcie
7. Et Charnelle

Ces quelques versets nous renseignent là-dessus :

1. Romains 1 :28 parle de l'esprit reprouvé,
2. 2 Corinthiens 3 :14 parle de l'esprit endurci,

3. 2 Corinthiens 4 :4 parle de l'esprit d'aveuglement,
4. Ephésiens 4 :18 parle de l'esprit obscurci et aliéné,
5. Colossiens 2 : 18 parle de l'esprit charnel.

Le tout dépend de la vision de chaque croyant. Quelles sont les choses sur lesquelles ton regard est fixé ? Cela déterminera tes pensées. Si elles sont terrestres, nous venons de voir les conséquences. Cependant, si, elles sont célestes son entendement sera progressivement spirituel, sincère, renouvelé (Romains 8 :6 ; Ephésiens 4 :23 ; 2 Pierre 3 :1).

III.5. L'attitude du chrétien dans le combat spirituel

Il est certain que l'Eternel ait gagné le combat d'une manière décisive. Cela ne doit pas nous plonger dans une attitude de léthargie. Nous devons, pour notre part, adopter une attitude conséquente vis-à-vis de Dieu, de nous-mêmes et de Satan afin d'être invulnérables. Ainsi parmi ces dispositions il nous faut :

1. **Vis-à-vis de Dieu** : Une soumission totale et joyeuse à Dieu « soumettez-vous à Dieu, résistez au diable et il fuira loin de vous » Jacques 4 :7. Quand nous sommes dans le combat spirituel, le respect et la soumission à l'ordre divin doivent être indiscutables car c'est l'Eternel qui connait parfaitement notre adversaire et ses stratégies. Ainsi, devrions-nous éviter de tomber dans les

embuscades de l'ennemi par notre insoumission. Le cas de Samson est édifiant.

2. **Vis-à-vis de nous-mêmes** : La foi en Dieu et la discipline personnelle. La foi est une arme très efficace dans le combat spirituel. C'est sur elle que nous nous appuyons pour nous octroyer la victoire de notre Seigneur Jésus-Christ. C'est par la foi que nous reconnaissons l'autorité que Dieu nous a donnée au travers de sa parole car la Bible dit : « Vous, petits-enfants, vous êtes de Dieu et vous l'avez vaincu parce que celui qui est en vous est plus grand que celui qui est dans le monde » 1 Jean 4 :4. Eu égard à ce qui précède, nous ne devons pas nous pencher seulement sur la foi mais aussi, plus important encore, devrions-nous avoir une vie sainte (Jacques 5 :16-18). Cela ne permettra pas à notre adversaire d'avoir sur nous les prises fortes.

3. **Vis-à-vis de Satan** : La résistance, comme vue en Jacques 4 :7 « Résistez au diable et il fuira loin de vous ». Il faut noter cependant que le contraire est aussi vrai, le manque de la résistance l'approche.

III.6. Les armes utiles du combat spirituel

III.6.1. Les armes défensives

Nous en citerons six, mais la liste n'est pas exhaustive. La liste dont il est question, nous la voyons en Ephésiens 6 :11-17 et en 2 Corinthiens 10 :3-5. Ces armes sont clairement présentées dans un aspect que celui que nous connaissons classiquement car elles ne dépendent pas de l'intelligence ou du savoir-faire humain mais de la sainte sagesse de l'Eternel. Il s'agit de :

1. **La vérité (cuirasse de justice de Dieu)**

Pour y parvenir, il faut placer sa foi, sa confiance en Christ. La vérité qui est une vertu qui ne se retrouve pas dans la nature du diable, est une arme défensive contre toutes ruses mensongères de l'ennemi.

2. **Le zèle de l'évangile (chaussures)**

C'est la bonne disposition pour proclamer l'évangile, nous protéger contre la paresse. Il faut noter, ici, que Paul parle de la mobilité et de la disponibilité et pour que cette arme soit efficace il nous faut manger et bien digérer la parole de Dieu, afin de la communiquer d'une manière intelligente et conforme à la pensée divine.

3. **Le bouclier de la foi**

Dans Genèse 15 :1, Dieu se substitue en bouclier pour Abraham. Cette arme nous aide à éteindre les flèches enflammées et empoisonnées du diable et de ses acolytes. C'est bien là les paroles méchantes que le diable projette en notre direction afin de nous décourager dans notre élan spirituel.

4. **Le casque du salut**

Destiné à protéger notre tête. Le salut dans ce contexte est différent de σαυτερ (Soter) du grec « être sauvé » mais il signifie au-delà de ça :

- Le bien-être spirituel
- Le bien-être matériel
- Le bien-être sanitaire

Bref, le bien-être de l'individu. Le diable nous attaque par l'intellect, comme vu dans le cas des forteresses, afin de créer un blocage total de notre vie. C'est pourquoi, il commence par :

- Une action négative
- L'action est acceptée et enregistrée
- Le tout se passe au niveau de l'intellect. C'est pourquoi nous devons protéger la tête.

5. **L'épée de l'esprit**

C'est la parole RHEMA (révélée). Cette parole est une arme défensive et offensive. En Matthieu 4 :1-11, le Seigneur Jésus-Christ a utilisé plus cette arme contre la tentation de Satan. Pour comprendre et mieux utiliser cette arme, il faut :

- Accepter l'autorité de la parole
- L'objet de la tentation n'est autre qu'amener une personne à douter de la parole. C'est pourquoi le diable commence par « si ».

III.6.2. Les armes offensives

Dans le combat spirituel, les chrétiens ne doivent pas seulement se défendre et résister, il faut aussi attaquer. Et pour le faire, nous n'avons besoin des armes citées ci-haut. En attaquant, nous devons aussi avancer. Dans le combat classique, celui qui a plus de possibilité de victoire c'est celui qui attaque le plus souvent. Il faut noter que l'église qui attaque déstabilise la position de l'ennemi en son sein et ces attaques vont tout droit vers les portes de l'ennemi. Or le mot porte est riche de signification :

- Lieu où on traite les affaires (Proverbes 31 :23)
- Lieu où on prend de grandes décisions (Genèse 18 :1ss)
- Lieu où est la faiblesse d'une ville (Esaïe 28 :6)

Nous ne sommes pas seulement une armée de défense mais nous sommes une armée d'attaque. Dans Matthieu 28 :18ss l'idée maitresse qui en ressort est l'agression. La Bible présente l'église comme un instrument de construction de combat, de ce fait de destruction (Eu égard à l'œuvre du diable). Jérémie 1 :10 « Regarde, je t'établis, aujourd'hui pour que tu arraches, et que tu abattes, pour que tu ruines et que tu détruises, pour que tu bâtisses et que tu plantes ». Ces armes offensives sont :

- La prière
- La louange
- La prédication
- Et le témoignage.

Ainsi, ne suffit-il pas de détenir seulement ces deux sortes d'armes, encore moins de les connaitre, mais faut-il par contre prendre conscience de la réalité du combat spirituel et les utiliser sans complaisance pour le bien-être intégral.

Après avoir largement parlé du combat avec ses tournures. Il faut savoir que l'on ne combat pas juste pour le plaisir mais chaque aspect du combat doit viser une conquête et personne ne peut se rendre maître d'un territoire, d'une bénédiction ou autrement dit la conquérir, sans y associer le combat spirituel. Le livre de Josué nous édifie beaucoup sur la démarche de la conquête. C'est pourquoi dès le départ de ce chapitre, nous avons pensé à l'intituler : « Combat spirituel la porte pour la conquête »

III.7. La Conquête

Le livre de Josué, par ailleurs, peut être divisé en trois dimensions de conquête, il s'agit de :

- L'entrée dans le pays,
- L'assujettissement du pays,
- L'occupation du pays.

Un petit résumé pour chacune de ces étapes nous parait important pour la meilleure compréhension de la conquête.

III.7.1. L'entrée dans le pays

Dans cette étape, Josué reçoit de la part de l'Eternel la commission de commencer la marche vers la conquête. Tout ce que nous faisons doit être commissionné par Dieu et non par notre volonté. Ceci donne la certitude que nous appelons en d'autres termes la foi qui nous rassure un aboutissement heureux et certain dans notre démarche. Comme la foi intervient, la conquête doit se baser sur la parole de Dieu, fondement de toute réussite (Josué 1 :7-8).

Pour mieux réussir la conquête, il faut mettre en pratique l'esprit de la loi et non seulement la loi. Car la Bible dit, la loi tue mais l'esprit vivifie. Mettre la pratique avant le principe c'est briser de l'acte qu'on fait. Pour mieux être compris, nous prendrons cet exemple pratique et simple : L'union sexuelle entre deux partenaires dans le mariage, n'est pas différent du point de vue acte à celle que les prostituées ont avec leurs partenaires. Mais la pratique des relations sexuelles avant le principe du mariage, cadre approprié, selon la parole de Dieu, brise l'esprit de l'acte qu'on fait et devient péché.

La pratique, le principe, l'esprit de l'acte doivent s'harmoniser selon la parole de Dieu pour donner de l'efficacité à notre conquête. Quand Dieu nous donne une tâche (commission) il adjoint à notre vie, l'autorité car celle-ci est la garantie de la foi. Ce qui implique que derrière la parole de Dieu, il y a une autorité. Peut-on après ce qui précède s'amender dans notre approche de conquête face à la parole de Dieu ?

III.7.2. L'assujettissement du pays

Quand on cherche la direction divine, on doit se référer à ses trois aspects : Le Saint-Esprit, les visions et les circonstances. Ceci passe également par une séparation d'avec le péché. Nous ne pouvons pas prétendre assujettir l'extérieur (notre environnement, les personnes et les choses) si nous n'arrivons pas à vaincre l'intérieur notre être (nos intentions, nos appétits charnels, etc.). Le chapitre 5 :2-8 de Josué nous donne une bonne illustration. Avant la conquête, il nous faut revisiter notre alliance avec Dieu. La commission peut bel et bien être là, mais sommes-nous en harmonie avec l'auteur de la commission ? Dieu dit à Josué de prendre le couteau et de procéder à la circoncision. Dans celle-ci il y a, l'idée de la douleur, c'est dire qu'il faut régler les comptes avec Dieu avant de les régler avec l'ennemi. Jacob, cette nuit-là, devrait régler ses litiges avec l'ange de l'Eternel avant d'affronter son frère ennemi, « Son nom fut changé » pour ne pas dire « son identité changea ».

La circoncision qui a été négligeable pendant le parcours dans le désert est devenue exigible avant l'assujettissement de leur héritage. Il faut porter la marque de la séparation dans sa vie, car la circoncision est une marque qu'on porte toute sa vie. Ainsi l'opprobre fut roulé définitivement. Il pouvait prétendre assujettir le pays car les comptes avec Dieu étaient réglés.

Après cet aspect de séparation, une autre expérience attend les conquérants. Il s'agit de :

- L'esprit de résistance qui est symbolisé par le mur de Jéricho.
- L'esprit d'équipe fragilisé par le péché d'Acan (il faut savoir avec qui on marche dans la conquête).
- L'esprit d'abondance symbolisé par Acan, l'or d'Aï qui séduit les conquérants.
- L'esprit de ruse qui était dans les Gabaonites symbolisé par des alliances fortuites (Alliances incohérentes).

Il faut examiner vos relations qui doivent être impérativement cohérentes. Dans cette partie de la chute du mur de Jéricho aucune arme ne fut levée mais l'armée de l'Eternel dirigée par Josué fut assistée par une armée invisible et céleste. Il ne faut pas penser de quel côté Dieu se trouve mais examiner plutôt de quel côté nous nous trouvons. De cette façon nous pourrons vaincre l'esprit de résistance.

Deuxièmement, la désobéissance et la compromission arrêtent la progression. Le péché d'un seul homme a arrêté tout le peuple. La démarche de Dieu pour cet obstacle n'est autre que la vie spirituelle soit intégrale que l'activité charnelle. Ensuite, là où nous avons échoué lamentablement, nous pouvons y remonter un réconfort divin et soutenu si nous nous séparons. Il s'agit de l'étape de la foi restaurée. Il ne faut pas négocier avec Dieu, il faut se soumettre et accepter ce qu'il veut pour nous. La prise d'Aïe est différente de la chute de Jéricho. Ainsi pouvons-nous comprendre que l'action du Saint-Esprit n'est pas la même partout car des stratégies circonstancielles doivent intervenir.

Notre foi dans la conquête sera toujours mise en péril. D'où il nous faudra beaucoup de discernement avec nos alliés. Connaître leur état d'âme et leur intention profonde serait une prudence de notre part. Les Gabaonites peuple très rusé mais vu leur état, rencontrent un peuple mûrement préparé. Cette phrase dénote de la négligence d'Israël :

« Josué fit la paix avec eux, et conclut une alliance par laquelle, il devait leur laisser la vie » (Josué 9 :15). Cependant, trois jours après la conclusion de cette alliance, les enfants d'Israël apprirent que ce peuple avait usé de la ruse pour les avoir. Cette promptitude de Josué doit caractériser tout conquérant. Dès qu'on apprend, l'état d'âme d'une personne sur qui l'on portait l'affection, il ne faut pas être naïf et complaisant mais il faut prendre une attitude corrective face à cette personne. Josué 9 :27 nous dit : « il les destinera dès ce jour à couper le bois et à puiser l'eau pour l'assemblée et pour l'autel de l'Eternel dans le lieu que l'Eternel choisirait, ce qu'ils font encore aujourd'hui ». Ceci amènera Israël à vaincre cette étape de l'esprit de ruse.

III.7.3. Occupation du Pays

Quand Dieu dit à Israël : « Je vous ferai monter de ce pays, où vous souffrez, dans le pays où coule le lait et le miel ». La phrase continue…dans les lieux qu'habitent les : Cananéens, Héthiens, Amoréens, Phéresiens, et Jébuséens. Ce déménagement spirituel, nous présente deux pôles apparemment semblables. Nous quittons là où il y a des rois qui nous assujettissent vers là où c'est censé être notre héritage mais occupé. Dieu peut-il nous faire sortir d'une souffrance pour nous replacer dans une autre ? NON ! Tout ce que Dieu nous propose n'est ni facile, ni difficile mais sujet de notre conquête personnelle (Exode 3 :7-10). Suivons l'observation de Dieu dans le cas d'Israël.

III.7.3.1. Les oppresseurs

Dieu fait un constat : Exode 3 :7, « L'Eternel dit : j'ai vu la souffrance de mon peuple qui est en Egypte, et j'ai entendu les cris que lui font pousser ses oppresseurs car je connais ses douleurs ». Ce n'est pas au plaisir d'Israël qu'il crie. Il y a derrière lui, un oppresseur qui lui fait pousser des cris, et ces cris ne sont pas ceux de joie mais plutôt ceux de douleur. Ceci dit, qu'à chaque action de l'oppresseur il y a un cri qu'on pousse, même si ce dernier n'est pas vocalisé mais il est là.

Voici quelques formes de cris que nos oppresseurs peuvent nous faire pousser :

- Les cris sont nos plaintes
- Les cris sont nos larmes qui coulent dans nos lits
- Les cris sont parfois nos prières de lamentation.

Il arrive souvent que quand nous sommes dans l'oppression, nous nous plaignons auprès des gens ou encore nous trouvons le plaisir de mouiller les oreilles avec des larmes ou encore nous entrons en prière juste pour nous lamenter. Il y a des circonstances malheureuses qui provoquent les prières de ce genre.

Quant aux oppresseurs eux-mêmes, Pharaon et son peuple, pris comme oppresseurs, sont représentés pour chacun d'entre nous comme :

- Ceux qui en veulent à ta vie sans que tu ne le saches.
- Ceux qui te tiennent dans leur servitude, te faisant travailler pour eux sans que tu ne le saches, tu bâtis leur ville que tu n'occuperas pas et leurs empires sans une vision d'y régner. Souvent cette servitude commence par la forme douce pour finir par celle qui est violente. Il est bon de remarquer que l'homme est utilisé comme vache laitière, celle à qui l'on donne beaucoup de foins non pour sa santé mais pour qu'il produise beaucoup de lait.
- Ceux qui t'ont aidé à une certaine époque de ta vie et qui sont devenus tes maîtres chanteurs.

Il faut noter que tout soutien moral, financier, matériel fait à votre endroit, doit être accepté après l'examen de l'esprit qui est derrière cette aide. Si l'esprit porte la couleur d'une semence à réclamer ou mieux à revendiquer plus tard, mieux vaut l'éviter pour être libre. Dans le cas contraire, une action d'une bonne intention chrétienne, est la bienvenue. Toute action bénéficiée dans sa vie doit être valorisée et retournée à une tierce personne afin de recevoir en soi un dégagement spirituel.

III.7.3.2. Les occupants

Dans le cas d'espèce, ce sont les Cananéens, les Héthiens, les Amoréens, les Jébuséens, les Héviens, les Phérésiens. Ils n'ont pas de part à notre héritage. Marc 3 :27 nous dit : « personne ne peut entrer dans la maison d'un homme fort et piller ces biens sans avoir auparavant lié cet homme fort ». Il y a toujours dans nos héritages (promesses, finances...) des rois et leurs armées d'occupation à qui nous devons nous affronter pour libérer notre territoire.

En nous référant à la mission que Moïse avait donnée aux douze espions en Nombres 13 :1-16 ; dès qu'ils sont arrivés dans le pays, ils ont vu les occupants, à leur retour, il eût des murmures, après leur rapport, car son contenu décourageait massivement le peuple. « Nous sommes à leurs yeux comme des sauterelles, et le peuple qui habite ce pays est puissant, les villes sont fortifiées et très grandes, nous y avons vu aussi les fils d'Anak, famille des Anakins frères de Goliath ». Un tel rapport négatif soit-il ne peut que démettre l'énergie dont on a besoin pour affronter l'ennemi. Phénomène que nous appelons démobilisation. Apprenez à sa juste valeur la réaction de Caleb ! dans Nombres 13 :30 « *Montons, emparons-nous du pays, nous y serons vainqueurs* ».

Voilà les paroles d'un conquérant. Un grand secret se cache derrière cette déclaration. En voici les éléments :

- La vision et la direction sont inséparables. Par cette déclaration Caleb et Josué deviennent spirituellement des leaders.
- Vous ne pouvez diriger que pour accomplir ce que vous pouvez concevoir. Car la vision est une image mentale d'un futur meilleur.

Une image mentale du futur qui produit une passion dans le temps présent. A ce sujet, prenant en compte, les déclarations de Caleb comme une vision de conquête trois étapes sont nécessaires dans la gestion d'une vision notamment :

- La conception de la vision
- La déclaration de la vision
- L'entretien de la vision.

Une vision non claire, vous demandera beaucoup de prix à payer. Ainsi comporte-t-elle :

- ➢ La clarté qui donne la compréhension de la vision
- ➢ La valeur qui donne le fondement à la vision
- ➢ La relation qui donne la confiance à la vision
- ➢ L'authenticité qui donne la crédibilité à la vision
- ➢ La passion qui donne l'intensité à la vision
- ➢ La stratégie qui donne un processus à la vision
- ➢ Le défi qui donne la fin à la vision. (Le défi doit être compris dans le contexte de l'objectif à atteindre et dès que ce dernier se dessine à l'horizon, la fin de la vision s'annonce également).

Caleb au-delà de la présence des occupants, entre autres, les fils d'Anak, il entrevoyait (vision) la conquête sans la moindre difficulté, de ce pays parce que sa base de foi était la commission reçue de la part de Moïse. Il est vrai que tout ce que Dieu nous donne contient dans sa substance notre bonheur. Cependant l'aspect extérieur peut nous effrayer. Voici, alors, la stratégie qu'il faut prendre en nous basant sur la déclaration de Caleb :

1. **Montons :** L'esprit qui est derrière ce mot n'est autre que le mouvement de bas vers le haut, mouvement de manquement vers l'abondance, mouvement du désespoir vers l'espoir, mouvement de la peur vers la confiance, mouvement de la faiblesse vers la stabilité. Ce mouvement doit être spirituel que physique en entrainant tout notre être.
2. **Emparons-nous** : l'esprit qui est le fait de monter, ne nous permet pas d'en retourner sans posséder. S'emparer veut dire tout simplement, prendre pour soi par la force : c'est aussi, se rendre maître d'un bien. Quand il s'agira d'une ville nous parlerons de gagner la ville. Donc, il ne faut pas seulement monter mais encore faut-il se rendre maître du territoire sur lequel on est monté.
3. **Nous y serons vainqueurs** : Ce souhait ne doit pas rester seulement verbal mais il faut le concrétiser sur terrain en se vêtissant au préalable de l'esprit de victoire.

De ce qui précède, nous devons avoir à l'esprit que nos héritages ne seront jamais un cadeau qu'on nous offrira sur un plateau mais plutôt le fruit de la grande bataille que chacun doit livrer et avant de s'y engager, Dieu sera dans ta vie, ce qu'il est dans ta bouche. Tel, le cas de Caleb car chaque leader doit vivre au préalable ce que sa troupe vivra dans le futur. Il ne doit pas découvrir le chemin en même temps que sa troupe. Par cette simple appréhension sur la vision, nous devons nous projeter dans le futur, vivre les événements avec le Seigneur et revenir dans le présent, les communiquer à nos contemporains.

Par ailleurs, nous ne pourrons terminer ce point sans révéler les personnages qui se cachent derrière ce terme « les occupants ». Ils ne sont autres que les démons et les princes de ce monde en passant par les esprits méchants. La négociation avec ces derniers est impossible. La seule voie de solution n'est autre que de les chasser à l'instar de Christ qui ne permettait jamais la négociation avec un démon. Les verbes sont forme d'ordre qu'il faut utiliser devant ces occupants sont :

- Chassez
- Déguerpissez
- Déménagez
- Délogez
- Evacuez
- Libérez
- Sortez

- Cédez
- Disparaissez

Ces verbes seront accompagnés de la nature de l'héritage qu'ils occupent entre autres :

- Mariage
- Travail
- Etudes
- Projets
- Business
- Vie
- Maison
- Ministère
- Eglise
- Champ…

III.8. La Pratique de la conquête

III.8.1. Occupation du Pays

Texte : Juges 6 :1_{ss}

1er front : Nous-mêmes

Nous pouvons nous constituer en obstacle pour notre conquête « les enfants d'Israël firent ce qui déplait à l'Eternel et l'Eternel les livra... ».

Déplaire à Dieu est la cause de plusieurs échecs dans la vie des enfants de Dieu. Et ils deviennent immédiatement vulnérables.

Solution : il faut vaincre cet obstacle le « moi » Philippiens 2 :3-11.

Avant de vaincre l'extérieur, il faut s'attaquer au moi et l'assujettir comme le dit ces versets.

2ième front : Notre entourage

L'homme aura pour ennemi les gens de sa propre maison. Maison dans notre contexte n'est autre que notre environnement. Et on est trahi que par ceux qui nous connaissent mieux. Israël avait les Madianites en face de lui, qui surveillaient toutes ses activités. Quand Israël semait, Madian et ses alliés marchaient contre lui car ils campaient en face de lui, détruisant les productions du pays. Eu égard à ce qui précède, en face de qui vis-tu ? au vu et au su de qui projettes-tu tes idées ? avec qui vis-tu ? plusieurs blocages proviennent du manque de discernement de notre environnement. Vous constituez une association incohérente avec les infiltrés du monde des ténèbres. Israël fut malheureux, très malheureux à cause de Madian. Luc 21 :16-19 nous dit : « Vous serez livrés même par vos parents, vos frères, vos proches, vos amis et ils feront mourir plusieurs d'entre vous. Vous serez haïs... ».

Le plus souvent, il nous manque de tirer de bonnes conclusions face à ce verset, nous voulons toujours le comprendre dans notre faiblesse au lieu de laisser ce texte nous tirer d'affaire. A ce stade, la seule solution est d'éviter les sentiments qui peuvent être familiaux, amicaux, professionnels ou même communautaires. Et nous situer dans le contexte de la cible à abattre, tout en ayant à l'esprit que notre naïveté nous coûterait très cher. D'où ; l'adoption d'un comportement fondé sur la prudence et le scepticisme.

3ième front : Le monde

Le monde est l'ensemble de ceux qui nous ont déclaré visiblement la guerre (nos ennemis visibles, les sorciers de nos familles…). 1 Jean 5 :19-21 nous dit trois choses que nous devons connaitre :

A. Nous devons savoir que nous appartenons à Dieu.
B. Que le monde entier est sous la puissance du malin.
C. Nous devons savoir aussi que le fils de Dieu est venu, qu'il nous a donné l'intelligence pour connaitre le véritable et savoir aussi que nous sommes dans le véritable « Jésus-Christ ».

Ces trois dimensions de connaissance, nous aideraient à savoir comment nous comporter face à ces fronts. Jean dit : « le monde nous haïra », l'amitié avec le monde nous amène à haïr le fils de Dieu (Jean 17 :14-16). Paul nous exhorte, quant à lui, à se conduire dans le monde avec sainteté

(2 corinthiens 1 :12). Sachons par ailleurs qu'il y a la confrontation entre deux forces, deux royaumes. Mais notons aussi que c'est toujours le Royaume de Dieu qui l'emportera. Christ s'exclame en disant, le prince de ce monde n'a trouvé rien qui lui appartient en moi. C'est fut la clé de la victoire de Christ.

Ce message nous est partagé pour nous avertir des enjeux qui nous entourent et comment les affronter afin de s'en sortir victorieux. Et vous remarquez que l'axe du combat spirituel qui nous amène à la conquête passe par :

- Nous-mêmes
- Notre entourage
- Et le monde.

Celui qui saura vaincre ces trois fronts pourra s'épanouir sans faute.

III.8.2. Le grand combat de Job

Nous pourrons intituler ce message en ces termes : « Femme, réveilles-toi et combat pour ta maison (HOME) ».

Texte : Job 1 :1-22

« 1.1 Il y avait dans le pays d'Uts un homme qui s'appelait Job. Et cet homme était intègre et droit ; il craignait Dieu, et se détournait du mal. 1.2 Il lui naquit sept fils et trois filles. 1.3 Il possédait sept mille brebis, trois mille chameaux, cinq cents paires de boeufs, cinq cents ânesses, et un très grand nombre de serviteurs. Et cet homme était le plus considérable de tous les fils de l'Orient. 1.4 Ses fils allaient les uns chez les autres et donnaient tour à tour un festin, et ils invitaient leurs trois soeurs à manger et à boire avec eux. 1.5 Et quand les jours de festin étaient passés, Job appelait et sanctifiait ses fils, puis il se levait de bon matin et offrait pour chacun d'eux un holocauste ; car Job disait : Peut-être mes fils ont-ils péché et ont-ils offensé Dieu dans leur coeurs. C'est ainsi que Job avait coutume d'agir. 1.6 Or, les fils de Dieu vinrent un jour se présenter devant l'Éternel, et Satan vint aussi au milieu d'eux. 1.7 L'Éternel dit à Satan : D'où viens-tu ? Et Satan répondit à l'Éternel : De parcourir la terre et de m'y promener. 1.8 L'Éternel dit à Satan : As-tu remarqué mon serviteur Job ? Il n'y a personne comme lui sur la terre ; c'est un homme intègre et droit, craignant Dieu, et se détournant du mal. 1.9 Et Satan répondit à l'Éternel : Est-ce d'une manière désintéressée que Job craint Dieu ? 1.10 Ne l'as-tu pas protégé, lui, sa maison, et tout ce qui est à lui ? Tu as béni l'oeuvre de ses mains, et ses troupeaux couvrent le pays. 1.11 Mais étends ta main, touche à tout ce qui lui appartient, et je suis sûr qu'il te maudit en face. 1.12 L'Éternel dit à Satan : Voici, tout ce qui lui appartient, je te le livre ; seulement, ne porte pas la main sur lui. Et Satan se retira de devant la face de l'Éternel. 1.13 Un jour que les fils et les filles de Job mangeaient et buvaient du vin dans la maison de leur frère aîné, 1.14 il arriva auprès de Job un messager qui dit : Les boeufs labouraient et les ânesses paissaient à côté d'eux ; 1.15 des Sabéens se sont jetés dessus, les ont enlevés, et ont passé les serviteurs au fil de l'épée. Et je me suis échappé moi seul, pour t'en apporter la nouvelle. 1.16 Il parlait encore, lorsqu'un autre vint et dit : Le feu de Dieu est tombé du ciel, a embrasé les brebis et les serviteurs, et les a consumés. Et je me suis échappé moi seul, pour t'en apporter la nouvelle. 1.17 Il parlait encore, lorsqu'un autre vint et dit : Des Chaldéens, formés en trois bandes, se sont jetés sur les chameaux, les ont enlevés, et ont passé les serviteurs au fil de l'épée. Et je me suis échappé moi seul, pour t'en apporter la nouvelle. 1.18 Il parlait encore, lorsqu'un autre vint et dit : Tes fils et tes filles mangeaient et buvaient du vin dans la maison de leur frère aîné ; 1.19 et voici, un grand vent est venu de l'autre côté du désert, et a frappé contre les quatre coins de la maison ; elle s'est écroulée sur les jeunes gens, et ils sont morts. Et je me suis échappé moi seul, pour t'en apporter la nouvelle. 1.20 Alors Job se leva, déchira son manteau, et se rasa la tête ; puis, se jetant par terre, il se prosterna, 1.21 et dit : Je suis sorti nu du sein de ma mère, et nu je retournerai dans le sein de la terre. L'Éternel a donné, et l'Éternel a ôté ; que le nom de l'Éternel soit béni ! 1.22 En tout cela, Job ne pécha point et n'attribua rien d'injuste à Dieu ».

A. Situation générale de Job

1. **Etat d'âme (très bon)**
   - Job était intègre et droit
   - Job craignait Dieu
   - Job se détournait du mal
2. **Etat familial (très bon)**
   - Job avait des enfants : 7 garçons et 3 filles.
3. **Etat financier**
   - 7000 brebis
   - 3000 chameaux
   - 500 paires de bœufs
   - Beaucoup de serviteurs
   - Beaucoup de champs

B. Attitude de Satan à l'égard de cette maison de Job

Une de ses motivations, c'est la haine et le souci permanent de nuire :

1. Satan accuse Job que sa fidélité vient de la richesse que Dieu lui a donnée.
2. Satan demande à Dieu de toucher à la maison de Job pour voir si ce dernier continuerait à lui rester fidèle.

Toutes les accusations sont portées contre la maison de Job. Pendant cette conversation entre Satan et Dieu à propos de la maison de Job, aucune information n'a pu parvenir à Job parce que son état relationnel avec Dieu (communication spirituelle) était très bas. Ni Job, ni sa femme, encore moins ses enfants et ses travailleurs, dans cet espace, personne n'était assidue dans la prière de combat, pour interférer le programme du diable. Peut-on comprendre que la sanctification seule ne suffit pas pour se protéger contre les attaques du monde des ténèbres. La Bible ne nous dit-elle pas : « veillez et priez car votre ennemi le diable rode autour de vous comme un lion rugissant cherchant qui dévorer ».

Voyons comment le diable est passé à l'action et quelle a été l'attitude de Job face à ces attaques :

1ère Action : Sous la direction de Satan, les ennemis (Sabéens) viennent et tuent les serviteurs de Job et emportent les bœufs et les ânesses.

Réaction : Job et sa femme ne prient pas pour ravir et protéger le reste de leurs biens.

2ème Action : Le feu consume les brebis et les serviteurs.

Réaction : Job et sa femme ne prient pas pour arrêter l'avancée de cette tragédie.

3ème Action : Les chaldéens se sont jetés sur les chameaux et les ont enlevés en tuant les serviteurs à leur passage.

Réaction : Une fois encore Job et sa femme n'ont pas prié.

4ème Action : Les enfants sont tués par le vent qui détruisit la maison où ils étaient en fête.

Réaction : Toutes ces mauvaises nouvelles progressives et croissantes par leurs intensités de douleur, n'ont pas suscité un seul instant au couple d'entrer dans la prière de combat. C'est pourquoi le diable est passé à la cinquième action qui toucha directement à leurs propres vies. La passivité permet au diable de nous approcher davantage.

5ème Action : Job est terrassé par la maladie. La femme, au lieu de prendre la commande de la prière de combat préfère à la place exhorter son mari à injurier Dieu et à mourir. Elle choisit dès cet instant, le veuvage que la récupération de tous ses biens et de son mari.

Peut-on comprendre que plusieurs personnes assistent aussi passivement à la destruction diabolique de leurs maisons sans une seule fois contrecarrer par une prière de combat, cette avancée du monde des ténèbres dans leurs héritages. Réveille-toi et combats pour ta maison et pour tes biens, car la femme de Job est restée la seule à relever ; malheureusement, ignorante, de l'aspect du combat spirituel et de la vertu de la conquête. Elle est restée immobilisée dans son coin observant le désastre en y participant indirectement. Combien de maisons se détruisent progressivement et systématiquement sans qu'une réaction de grande envergure se lève pour arrêter cette situation. Choisis entre :

- La richesse et la pauvreté
- La stérilité et les enfants
- Le célibat et le mariage
- Le veuvage et le ménage
- L'honneur et l'humiliation
- L'élévation et la bassesse…

A toi de réfléchir pendant qu'il est encore temps !

NB : La suite de petits événements annonce les grands événements dans l'avenir souvent proche. Saches écraser les petits et tu empêcheras la constitution du grand événement.

III.8.3. Les cinq clés de la récupération

Avant d'aborder les cinq clés de la récupération, voyons ce que dit la Bible sur ce thème. La Bible est un livre de la récupération :

- Dieu lui-même cherche à récupérer l'homme.
- L'homme cherche à récupérer :
    1. Le royaume de Dieu qui lui a échappé par son péché.
    2. La bénédiction qu'il ne maîtrise plus.
    3. Son essence éternelle (la vie éternelle qu'il avait avant la chute).

En vertu de notre édification, nous lirons également : Joël 2 :23-27 ; Esaïe 54 :1-3 ; 58 :13-14. Tout ce que Dieu a écrit dans la Bible est pour nous une bénédiction. Quelle que soit sa façade, le fond et la valeur intrinsèque de chaque mot, chaque phrase, paragraphe et chapitre représente pour nous une fontaine de bénédiction intarissable.

Voici quelques nuances sur la récupération :

1) La Bible appelle le diable, voleur, dépouilleur mais Christ est venu pour que nous ayons la vie et qu'elle soit en abondance (Jean 10 :10).
2) Tout ce qui est plein sera vidé mais Dieu dit tout ce qui est vide sera rempli (2Rois 4 :1-7)
3) Avec la parole de Dieu nous inversons l'ordre naturel des choses. Quittant la mort vers la vie alors que la nature nous enseigne qu'il faut quitter la vie vers la mort.
4) Nous ne quittons pas non plus la jeunesse vers la vieillesse mais la Bible nous enseigne que nous quittons le vieil homme vers le nouvel homme.

De ce qui précède, nous sommes cependant soumis à deux lois :

1. La loi de Dieu
2. Et la loi du monde

La loi du monde nous dit : toute personne qui est née fini par mourir mais la loi de Dieu contredit cette première, en affirmant que toute personne qui meurt au péché, vivra. C'est dire que nous devons savoir que nous travaillons dans deux lois différentes et la meilleure des deux pour notre part est celle de notre Dieu car elle nous amène à récupérer ce qui se meurt et qui se perd en nous.

Voici de quelle manière nous pourrons entrer en possession de notre héritage perdu : 1 Samuel 30 :1-30. Nous sommes dans un monde où l'encouragement mutuel est devenu très rare. Les gens sont plus versés vers les critiques des erreurs que de constater les efforts fournis. C'est ainsi que pour notre part, considérant cette situation nous nous disons que :

LA 1ère CLE : S'ENCOURAGER SOI-MÊME EN S'APPUYANT SUR DIEU V/1-6

David, avec sa troupe, de retour, constate le désastre dans le village (pillage général et emprisonnement).

Première réaction : cris de lamentation de tous les soldats y compris David (ils pleurèrent et élevèrent des voix jusqu'à ce qu'ils n'eussent plus de force pour pleurer). Le peuple chercha à lapider David.

Deuxième réaction : David reprit courage en s'appuyant sur l'Eternel. A ce stade, la clé puissante qu'il faut utiliser c'est la louange à l'Eternel. Quand le diable frappe, il veut nous voir pleurer. Mais ne cédons pas, à la place, il faut louer Dieu et il sera confondu. Paul et Silas ont utilisé cette clé en prison. « Il faut porter les vêtements de la louange à la place d'un esprit abattu » Esaïe 61 :3.

Ce n'est pas un problème encore moins un exploit que de louer Dieu quand tout marche bien mais s'en est un de le louer quand tout ne marche pas. C'est pourquoi, nous ne devons pas regarder ce que le diable fait mais regardons sur ce que Dieu est capable de faire. « Afin que l'épreuve de votre foi plus précieuse que l'or périssable, ait pour résultat la louange » 1 Pierre 1 :7.

LA 2ème CLE : PRIER AVEC QUELQU'UN DE CŒUR (DE CONFIANCE) UN ABIATHAR V/7

Abiathar, qui signifie père de l'abondance, fut prêtre et fils d'Achimélec descendant d'Eli. Quand le roi Saül, informé par Doëg, fit massacrer à Nob les sacrificateurs de l'Eternel, Abiathar s'enfuit en emportant l'éphod. Dès lors, il partage le sort de David (1Samuel 22 :20-23).

Cette clé est plus importante car il faut savoir choisir avec qui on peut partager sa peine dans la prière. Christ nous donne un exemple éloquent. Au moment de grandes douleurs dans le jardin de Gethsémani il a associé à sa prière les trois fils des tonnerres (Mathieu 26 :36-38).

David appelle le sacrificateur Abiathar pour que ce dernier lui prête son éphod (éphod signifie couverture). La prière de David devant être couverte par quelqu'un de cœur en l'occurrence Abiathar. Parce que ce dernier a dû tout quitter et se joindre à David dans les périodes très critiques de la vie de David. C'est pourquoi à son tour, David, lorsqu'il va régner le nommera grand prêtre. C'est ainsi que nous devons toujours faire attention quand nous nous confions pour un sujet de prière à quelqu'un. Plusieurs personnes ne trouvent pas l'exaucement de leur prière pour la simple raison qu'elles ne savent pas choisir correctement leur partenaire de prière. Cela étant, Paul est allé tout droit, sans détour à demander à Barnabas que Marc quitte leur équipe parce qu'il a pu remarquer quelques divergences avec ce dernier (Actes 15 :37-39).

A juste titre Christ nous conseille à travers 1 Pierre 3 :7 dans sa deuxième partie, que rien ne vienne faire obstacle à nos prières faisant allusion aux relations conjugales.

LA 3ème CLE : LA POURSUITE V/8-9

Plusieurs enfants de Dieu n'arrivent pas à obtenir gain de cause parce qu'ils ignorent cet aspect de conquête. Le diable en te voyant, a éloigné la grâce de toi. Cessons de nous imaginer que ce que nous cherchons nous parviendra sur un plateau. En économie, il y a un principe capital pour récupérer une dette : « la dette est quérable et non portable ». Le diable, notre ennemi acharné ne peut en aucun cas nous amener une bénédiction qu'il nous aurait volé. C'est pourquoi, notre troisième clé consiste à la poursuite et lui ravir ce qu'il nous a volé.

Dans le cas de David, tout lui a été pillé y compris ses femmes et enfants, il fallait consulter Dieu. C'est ce que nous avons vu à la deuxième clé. Et de là, David est passé à la troisième clé après avoir obtenu le feu vert de l'Eternel : « Poursuit et tu atteindras » V/8. Abraham, dès qu'il apprit que Lot et tout ce qui lui appartenait, étaient emportés par l'ennemi, arma trois cents de ses vaillants soldats nés dans la maison et poursuivit. La meilleure défense, c'est l'attaque (Genèse 14 :14-16). C'est pourquoi dans le droit de poursuite, il y a deux volets :

- Nous pouvons poursuivre en prière du combat et récupérer spirituellement ce que le diable nous a volé et le voir se concrétiser dans notre vie.
- C'est de poursuivre normalement dans la vie quelque chose qui est notre droit. Par exemple, poursuivre une promesse, une dette, un acquis… et cela n'est pas un péché. Car la honte dans ce domaine de poursuite peut souvent se constituer en obstacle et plusieurs enfants de Dieu se gênent de poursuivre leurs débiteurs par honte que le diable leur présente, mais cela n'est que ruse du diable pour appauvrir et faire tomber en faillite l'enfant de Dieu victime.

LA 4ème CLE : LA SURPRISE V/11-16

La surprise est une qualité d'un conquérant. Elle est liée à la discrétion. Ne dit-on pas dans un adage profane que « N'éveille pas le chat qui dort ». De par l'expérience, plusieurs enfants de Dieu ont échoué dans leurs projets parce qu'ayant divulgué leurs projets avant la réalisation.

L'ennemi ne peut lire nos pensées mais il peut les saisir à travers nos paroles. David pénétra dans le camp de l'ennemi pendant que les Amalécites étaient répandus sur toute la contrée, mangeant, buvant et dansant et les battit depuis l'aube jusqu'au soir du lendemain et aucun d'eux n'échappa.

Nous échouons parce que nous divulguons tout et à tout le monde. Une grossesse de quelques semaines seulement c'est toute la famille qui est au courant... tu avorteras ou encore tu feras une fausse couche...Un voyage en vue, le passeport à l'ambassade, tout le village est au courant...tu n'iras nulle part...En pleine session, avant même la délibération, tu annonces ta réussite partout...tu reprendras l'année...Une promesse de travail, d'affaire, de mariage, de promotion et tu témoignes déjà... rien ne se fera en ta faveur.

Pouvez-vous comprendre, la portée de l'avènement du Seigneur et la discrétion que Dieu y attache. Christ dit : « même moi je ne sais ni l'heure, ni le jour... ». La stratégie de la surprise nous met au-dessus de l'ennemi. C'est ainsi que David a pu tout récupérer sans exception en objet comme en homme. Ceci nous amène à penser à la manière dont l'ennemi nous vole. C'est toujours quand nous sommes distraits et il nous surprend.

LA 5ème CLE : L'OFFRANDE DE VICTOIRE V/23-31

David s'est opposé à la proposition des méchants qui étaient partis avec lui. Ces derniers ne voulaient pas qu'on donne le butin de guerre à ceux qui sont restés auprès de bagages, fatigués. Mais David en plus de ces gens, il a pensé à tous ses amis qui lui ont cédé leurs territoires pour passage. Et cela resta comme une loi en Israël. Abraham de même après avoir vaincu ses ennemis, il donna la dîme de tout le butin à Melchisédech. Peut-on aussi suivre ces bels exemples ? Il faut toujours penser à sceller par une offrande tous nos projets, nos exploits, nos promesses, nos victoires. Et avoir la culture biblique de ne pas se présenter devant l'Eternel les mains vides.

Nous irons même plus loin en nous souvenant de Saül qui dit : *« si nous allons voir l'homme de Dieu que lui apporterons-nous ? Car il n'y a plus de provision dans nos sacs et nous n'avons aucun présent à offrir à l'homme de Dieu »*. Son serviteur prendra la parole : « j'ai ici sur moi, un quart de sicle d'argent, je le donnerai à l'homme de Dieu et il nous indiquera notre chemin » (1 Samuel 9 :6-8). L'offrande est une porte excellente pour recevoir la faveur de Dieu mais nous reconnaissons que, ce que nous avons et ce que nous cherchons lui appartient. Toutes les grandes bénédictions se sont déroulées autour de l'offrande.

Le salut de toute l'humanité s'est conclu autour de l'offrande sans précédent : Le sacrifice de Jésus-Christ. Les bénédictions immuables d'Abraham lui ont été accordées lors de la fidélité dans les sacrifices marqués par l'offrande d'Isaac son unique fils. La proclamation de la bénédiction de Jacob a été arraché au prix d'une offrande faite à son père. Toute la Bible nous parle des diverses sortes d'offrandes faites à Dieu et qui ont changé la destinée de ceux qui en sont auteurs. Veux-tu utiliser cette clé pour tes futurs exploits ?

Voilà les cinq clés qui nous ouvrent la voie de la récupération de l'objet de notre conquête, celui qui détient les clés, détient le pouvoir.

Le Seigneur Jésus-Christ, n'a pu laisser autre chose à Pierre si ce n'est que les clés. Cela au-delà d'être un simple instrument c'est le pouvoir d'entrer dans notre héritage. Avec la clé on peut fermer le malheur, avec la clé on peut ouvrir le bonheur.

A toi de décider !!!

CONCLUSION GENERALE

Il est très important que l'on puisse appréhender la délivrance comme le fait de ne pas seulement tomber, mais plutôt une acquisition de la connaissance sur les domaines obscurs et importants de l'existence d'une personne.

Ensuite prendre la délivrance comme étant un processus, chaque étape étant soutenue par une relation exacte de notre vie. Ainsi nous pourrons nous attendre à une meilleure délivrance.

Et ce n'est pas tout, il faut s'engager à combattre les liens qui d'habitude ne sont pas visibles, mais qui demandent de les chercher par un combat digne et véritable.

C'est cela que nous appelons le combat spirituel, en grec PÂLE. C'est donc un combat corps à corps, qui consiste à renverser son adversaire par terre avec toutes ses épaules touchant le sol. Ainsi, le premier ennemi de l'homme étant l'ignorance, nous devons bannir cette dernière afin que nous soyons en mesure de nous connaître et de combattre nos faiblesses nuisibles.

Et donc voilà pourquoi nous disons avec l'Evangéliste Jean que : « Vous connaîtrez la vérité et la vérité vous affranchira » Jean 8 : 32.

Ne pas suivre cette proposition, nous amènera à une fausse délivrance et par voie de conséquence à rester toujours lié.

Enfin, la connaissance éclaire, empêche l'obscurité de nous envahir et nous permet de faire un très bon constat concernant notre existence. La parole de Dieu étant une lumière capable de nous éclairer sur notre sentier et les ténèbres ne régneront pas toujours.

BIBLIOGRAPHIE

La Sainte Bible, Louis Segond, Edition revue.

Nouveau Dictionnaire Biblique Révisé, Edition Emmaüs, 1992.

Printed by Books on Demand GmbH, Norderstedt / Germany